Cristina Cordula

Guide pratique du Relooking

SPÉCIAL RONDES

Textes

Paula Braconnot

Photographies

Laurence Guenoun

LAROUSSE

21, rue du Montparnasse 75283 Paris cedex 06

À ma mère

Direction de la publication
Isabelle Jeuge-Maynart

Direction éditoriale
Catherine Delprat

Coordination éditoriale
Nathalie Cornellana
avec la collaboration de
Françoise Maitre

Fabrication
Anne Raynaud

Direction artistique
Emmanuel Chaspoul
Claire Mieyeville

Mise en page
Natacha Marmouget

Couverture
Véronique Laporte

Assistants photo et making off
Antonin Varnusson
Souad Hervé
Audrey Ritzenthaler

L'éditeur remercie infiniment Dominique Serret, styliste et Mélody Collange

ISBN : 978-2-03-585449-0

PRÉFACE

Quand Larousse m'a proposé de faire un guide de relooking pour les rondes, je me suis dit qu'il était temps ! Il fallait donner des conseils à ces femmes qui ont du mal à s'habiller.

D'ailleurs, ce n'est pas étonnant : c'est un vrai parcours du combattant que de trouver des vêtements féminins seyants, une lingerie adaptée, des chaussures pour les grandes tailles…

En faisant le livre j'ai côtoyé des femmes de toutes les tranches d'âge et de la taille 42 à la taille 54. Et ce qui en ressortait le plus souvent c'était le fait qu'elles se cachaient… Trop souvent en noir, elles s'excusaient presque d'être là. La plupart ne veulent même pas connaître leur vraie taille, se contentant d'acheter des vêtements XXL sans se poser la question de savoir si autre chose pourrait leur convenir.
J'ai très vite compris qu'il fallait oser : la couleur, les bijoux, la féminité… Bien sûr, il existe des astuces pour élancer et affiner la silhouette, mais le vrai challenge c'était de révéler la femme qui sommeillait en chacune d'elles.

Car chacune a des atouts : le mot « ronde » cache des femmes très différentes. On retrouve toutes les morphologies dans les grandes tailles, donc rien de plus naturel que d'essayer de sublimer chaque personnalité. Je suis ravie de voir le résultat : des femmes qui assument leurs rondeurs, mettent en valeur leur beauté, et qui n'ont plus honte de s'affirmer.

Cet échange a été très enrichissant parce que j'ai assisté à l'épanouissement de femmes qui ont appris à se regarder à nouveau dans la glace, qui ont vu qu'elles pouvaient aussi séduire, plaire…
Elles ont osé s'assumer et c'est cette prise de risque qui fait toute la différence.

Le relooking leur a permis de retrouver l'assurance, cette petite étincelle qu'on peut maintenant lire dans leur regard.

Cristina Córdula

contact@cordula-conseil.com
site : www.cordula-conseil.com

CRISTINA

Cristina est née à Rio de Janeiro. Son père est alors chef d'entreprise, sa mère sociologue. Issue de la classe moyenne la famille évolue dans le milieu artistique. L'oncle de Cristina est un peintre reconnu et sa mère fréquente des artistes. Son père, quant à lui, est un intellectuel, féru de philosophie. Jeune fille, Cristina passe de longs moments à discuter du monde et de la vie avec lui. Elle lui parle de son souhait de devenir mannequin, ce qu'il ne voit pas d'un très bon œil. À 16 ans, elle commence pourtant à défiler, soutenue par sa mère qui l'aidera jusqu'au bout à réaliser son rêve.

Cristina entreprend alors en parallèle des études en communication et en journalisme. Repérée par des agences étrangères, elle quitte son pays. Elle travaille dans plusieurs pays avant d'arriver à Paris où elle connaît un succès fulgurant. Elle devient un top model international que s'arrachent les photographes et couturiers new-yorkais, milanais, japonais, londoniens et évidemment parisiens. Elle voyage beaucoup, mais s'installe à Paris, la « plus belle ville du monde » pour elle !

Égérie de la campagne publicitaire internationale du parfum Paris de Yves Saint Laurent, Cristina défile pour le grand Yves, mais aussi pour Chanel, Dior, Ungaro, Lanvin, Kenzo, Rykiel et bien d'autres encore. Elle, Marie-Claire, Vogue, tous les magazines féminins la plébiscitent. ...

Elle crée avec une amie une ligne d'accessoires de plage. L'affaire marche bien, mais ne satisfait pas entièrement Cristina. Ce qu'elle aimerait, c'est partager son expérience de la mode et aider les gens à se réconcilier avec leur image. Le conseil en image s'impose naturellement à elle. Ce métier, qu'elle exerce depuis 2002, lui permettra de mettre au service du grand public sa profonde connaissance de l'image, de la mode, du stylisme, de la coiffure, du maquillage, mais aussi de la morphologie, de la gestuelle, des couleurs, du savoir-vivre et des différentes cultures découvertes au cours de ses voyages. Elle met ainsi tous ses secrets au service de ses clients, qu'il s'agisse de femmes, d'hommes ou d'entreprises.

Depuis 2004, elle est l'animatrice de l'émission de relooking **« Nouveau look pour une nouvelle vie »** sur la chaîne M6. Et en 2011, elle commence une seconde émission **« Magnifique by Cristina »** sur la chaîne téva où elle livre ses astuces et décrypte les tendances mode et beauté pour les femmes.

La belle Brésilienne est régulièrement invitée à parler de son métier pour la presse internationale. Notre auteur mène de front, en vraie femme d'affaires, son agence de relooking Cordula Conseil, ses émissions et sa carrière de mannequin.

Ce qui fait le succès de Cristina, c'est sa **gaieté** et son **dynamisme** contagieux, ainsi que sa **curiosité** et son **amour des autres**. Car il en faut, de l'amour, pour faire ce métier ! De l'amour et tout ce qui va avec : savoir regarder l'autre, l'écouter, être capable de saisir ce qu'il n'arrive pas à exprimer, savoir lui parler aussi, sans brusquerie, mais avec psychologie et ce brin de fermeté joyeuse qui aide à franchir les caps parfois difficiles...

SOMMAIRE

Les relookings

Les conseils

Mon équipe

Amandine
Marie
Anne-Claire

Frédérique
Martine
Anne

Les relookings

SIAM, 30 ans

Siam, 30 ans, est consultante dans le secteur des produits agro-alimentaires de luxe. C'est une femme extravertie qui adore la mode, mais, rien à faire, elle n'ose pas sortir de son « uniforme » quotidien de citadine affairée : jeans noirs et T-shirt. Des robes conviendraient pourtant très bien à sa morphologie très féminine : des hanches, une taille marquée et une jolie poitrine.

"J'adore vivre, rire et partager les belles choses, mais, en matière de fringues, je me sens en décalage avec les femmes de mon âge. Ma tenue fétiche ? Jeans et T-shirt. Je ne décolle pas de ce style alors que je sens qu'il n'est pas adapté à mon corps. Sans parler de ma coiffure ! Je ne sais pas du tout quoi faire de mes cheveux. Cristina va avoir du travail..."

LE DIAGNOSTIC DE CRISTINA

Siam est une très belle femme qui assume ses rondeurs. Ça change ! Elle a le corps d'une Méditerranéenne, avec des hanches généreuses et le haut du corps plus étroit. C'est un « A » pulpeux avec la taille marquée. Ses genoux sont un peu forts mais ce n'est pas un gros problème ; par ailleurs, elle est assez grande et a de l'allure !
Elle est très sexy et a déjà pas mal de notions en mode.
Donc mon travail va être d'affirmer son look et de la rendre plus sophistiquée.

"Tu es une belle plante !"

Avant

Mal entretenue et trop effilée, **cette coupe** n'habille pas du tout le visage.

!

Le **col rond** cache une petite poitrine qui pourrait être mieux mise en valeur.

La longueur de ce **top**, uni et sans aucune originalité, est bien mal choisie : la ligne de contraste entre le blanc et le noir souligne fâcheusement les hanches et les cuisses.

→ 30 ans
1,78 m
Taille :
46 en haut
48 en bas
Morpho : A

Trop moulant, le **jean** marque les hanches et fait ressortir la rondeur des genoux.

— JAMAIS SANS MON TRENCH ! —

« Là j'ai composé un look pour le travail. Quelque chose de pratique, confortable mais qui a aussi de l'allure. Le trench est la pièce phare qui « habille » n'importe quel look. C'est le summum du chic ! »

LE LOOK CRISTINA TRENCH

↑ **Grâce à sa coupe en trapèze, la jupe en cuir épouse les hanches sans les marquer.** Cette forme contribue aussi à ne pas attirer le regard vers les genoux. Le collant opaque amincit les jambes.
Le rouge pétant des chaussures fait écho au bleu vif du top pour réveiller le tout.

↓ **Le décolleté en « V » est idéal quand on a une petite poitrine comme Siam.** Quant au bleu dur, c'est une valeur sûre pour un teint de brune.

↓ **Le trench équilibre la silhouette car il couvre les hanches, marque la taille et structure les épaules.**

Après

— TENUE « CASUAL ROCK ! » —

“ Si la forme de cette robe est parfaitement adaptée à la morphologie de Siam, la couleur n'est pas celle qui lui va le mieux. L'astuce pour que l'ensemble soit pourtant réussi ? Mettre à proximité du visage une couleur plus en adéquation avec son teint de brune ; mon choix s'est porté ici sur une veste rouge. ”

LE LOOK
CRISTINA
CASUAL ROCK

La robe est simple, fluide et évasée, parfaite pour atténuer la largeur des hanches de Siam. Le col bénitier met en valeur sa poitrine en donnant du volume. Pour marquer la taille, on a mis une ceinture, style « obi », de couleur sombre.

J'ai choisi une petite veste en cuir pour apporter une touche rock.

À retenir : les couleurs chaudes telles que le rouge, l'orange, le fuschia mettent en valeur le teint des Méditerranéennes.

La couleur des escarpins rappelle celle de la veste. Leur décolleté féminise encore l'allure.

Après
Cristina :
Si on avait mis une veste plus traditionnelle, le look aurait été trop classique et fade !

— LA PETITE ROBE NOIRE —

« Siam est une belle plante et il faut le montrer ! Le vêtement essentiel, qui marche toujours, c'est la petite robe noire. Un basique que toute femme doit avoir dans sa garde-robe. »

LE LOOK CRISTINA ROBE NOIRE

La robe taille haute et évasée vers le bas l'amincit. Le tissu fluide épouse ses formes sans les mouler. Les manches trois-quarts masquent la rondeur des bras. Pour casser le « total look noir », très élégant mais trop sombre, surtout quand on a 30 ans, on ose des escarpins rouges !

Quand on a une petite poitrine comme Siam, on peut arborer un maxi décolleté. La ceinture zébrée, placée juste sous la poitrine, affine encore plus sa taille.

Pour rester sobre et « class », Siam ne porte que des boucles d'oreille.

Après

— COIFFURE —

“ Siam a une belle chevelure mais elle est un peu terne. Comme elle a toujours rêvé d'avoir des cheveux plus foncés, je vais renforcer légèrement leur teinte mais en misant sur l'éclat. C'est très important. ”

Avant

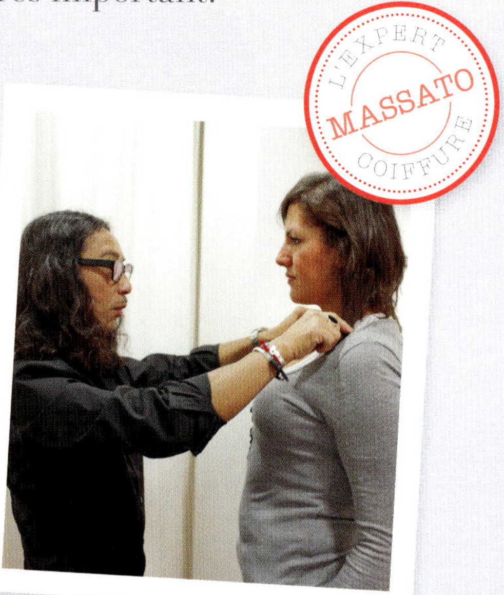

1 On ne doit pas couper ses cheveux trop courts car on arrondirait son visage. On **garde donc la longueur** mais on crée une mèche sur le côté et on apporte du volume à la nuque.

2 On **fonce la couleur** de la chevelure avec une teinte plus soutenue, ce qui apportera aussi de la brillance.

3 On fait un **brushing avec une brosse ronde.** Cela referme les écailles des cheveux et apporte de la brillance à la chevelure.

Après

À retenir

Le châtain foncé va aussi bien aux personnes qui ont la peau pâle qu'à celles qui ont la peau mate comme Siam. Mais il ne faut pas s'éloigner trop de sa couleur naturelle pour ne pas durcir les traits.

Que faire en cas de perte des cheveux ?

Vous perdez beaucoup de cheveux depuis un certain temps, ne vous inquiétez pas, il est possible d'y remédier.

Plusieurs causes peuvent expliquer la chute des cheveux. Les principales raisons sont liées à :

- des **facteurs externes**, tels que les changements de saison ou des carences alimentaires (notamment en protéines ou en oligoéléments comme le fer, le zinc...) ;
- des **états psychologiques** (stress, fatigue) ;
- des **changements hormonaux** (retour de couches, ménopause).

Pour contrecarrer la chute des cheveux, adoptez les bons gestes.

- **Ne vous lavez pas les cheveux trop souvent** et utilisez des **shampoings spéciaux** « chute des cheveux » enrichis en quinine et en vitamine B. Vous pouvez aussi avoir recours à des lotions qui activent la microcirculation du cuir chevelu.
- **Boostez votre métabolisme** en suivant un régime alimentaire riche en céréales complètes et en laitages. Une complémentation en acides aminés soufrés fortement dosés combinés à des vitamines est aussi bienvenue.
- Si le problème est **hormonal**, il faut avoir recours à des traitements ciblés. Consultez alors votre médecin.

— MAQUILLAGE —

“ Siam a plutôt une belle peau, mais elle est totalement déshydratée. L’hydratation de la peau et du contour des yeux est primordiale. Le maquillage sera à base de couleurs chaudes pour être en harmonie avec son teint. ”

L’EXPERT M.A.C MAQUILLAGE

Avant

1 Après l’hydratation de la peau, on commence le maquillage par les yeux. On pose l’**anti-cernes**, puis on applique un **fard crème café** sur la totalité de la paupière mobile et le ras de cil inférieur. On l’estompe avec un pinceau souple pour un effet fumé.

2 Pour le soir et un effet plus lumineux, on utilise un **fond de teint** un ton plus clair que la carnation de Siam. Un **blush beige perlé** est posé sur les pommettes pour ajouter de la lumière.

3 Et on finit avec l’application d’un **gloss rose** sur les lèvres.

Après

À retenir

Quand on a une peau très déshydratée, il faut appliquer sur le visage des masques hydratants deux fois par semaine pour gorger la peau en eau. Ne pas oublier de mettre matin et soir une crème de jour hydratante à base d'eau et aussi de boire de l'eau !

Pour un regard étincelant et lumineux

Voici quelques conseils pour mettre en valeur votre regard.

- Appliquez matin et soir un soin **contour des yeux**, enrichi en vitamine E. Il lissera cette zone sensible aux effets de la fatigue et de l'âge. Lors de l'application, faites des mouvements circulaires doucement avec votre index.
- Pour masquer les cernes, votre plus grand allié est l'**anti-cernes**. Choisissez une teinte légèrement plus claire que votre teint pour illuminer votre regard.
- Appliquez un **fard mat** sur la totalité de la paupière mobile dans une teinte qui mettra en valeur la couleur de vos yeux.
- Soulignez le contour de vos yeux avec un **crayon noir khôl**, **brun foncé** ou **prune**.
- Pour **ouvrir le regard**, déposez une touche de fard à paupières clair sur le coin interne de l'œil et sous la pointe du sourcil.
- Recourbez vos cils puis posez le **mascara**. Le tour est joué !

Et voici les couleurs qui mettront le mieux en valeur votre regard :

- Si vous avez des **yeux bleus**, le bronze doré et le brun orangé feront pétiller votre bleu.
- Si vous avez les **yeux verts**, le prune ou le violine créeront un véritable écrin pour vos yeux émeraude.
- Si vous avez les **yeux noirs** ou **marrons**, vous pourrez utiliser toutes les couleurs (mais pas de couleurs flashy).

MARIE, 16 ans

Marie, 16 ans, est une lycéenne qui a connu une grande variation de poids en l'espace d'un an. Vu son jeune âge et ses changements physiques, elle peine à trouver son propre style. Elle voudrait passer d'un style mal défini vers un look plus affirmé, avec des touches rock. Plutôt petite, elle a de la poitrine, de jolies jambes mais des genoux ronds. Il faut donc trouver un look qui sied à son âge tout en tirant profit de ses atouts : un très joli visage au teint de porcelaine, des mollets minces et des chevilles fines.

"Je n'ai jamais été aussi ronde qu'en ce moment. Après avoir été très mince, j'ai pris pas mal de poids cette année. J'accepte tout à fait mes rondeurs mais je ne sais pas comment m'habiller. Je voudrais me sentir à l'aise dans mes vêtements et savoir vraiment ce qui me va. Et s'il y a une chose que j'aime chez moi, c'est la couleur des mes cheveux !"

LE DIAGNOSTIC DE CRISTINA

Marie, c'est une vraie blonde, très jolie avec un beau teint.
Elle est petite et toute en rondeur comme une vraie poupée en porcelaine. Dans le profil des rondes, elle est « H » : ses hanches sont alignées avec ses épaules et elle n'a pas la taille marquée. Elle a une très belle poitrine qu'il faut mettre en valeur mais sans décolleté plongeant, car non adapté à son âge.
L'idée est donc de mettre en avant ses atouts tout en douceur pour qu'elle se sente à l'aise dans ses vêtements.

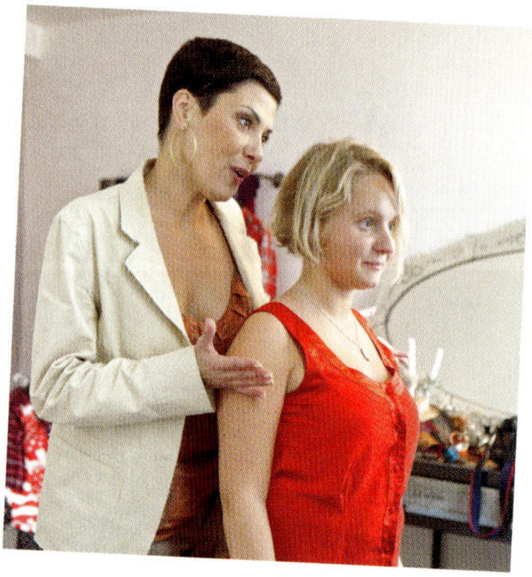

"Tu es une vraie poupée !"

C'est top de faire des relooking pour des ados ! Cela les aide à mieux accepter leur corps en pleine transformation.

Avant

Un passage chez le coiffeur s'impose pour redonner du **volume** aux cheveux plats et raviver la couleur blonde.

Les **sourcils** sont si clairs qu'ils semblent être inexistants.

Le top, **trop près du corps** et dans une **matière brillante**, fait ressortir ses rondeurs. L'encolure ajustée aplatit la poitrine.

La **jupe trop courte** et **moulante** attire le regard sur ses genoux qui sont plutôt ronds.

16 ans
1,60 m
Taille : 42
Morpho : H

Des **ballerines,** avec une jupe courte, il y a mieux pour élancer la silhouette !

— JE VAIS AU LYCÉE —

« J'ai fait un look typiquement lycéen pour Marie. L'idée c'est qu'elle se sente à l'aise et qu'elle assume son nouveau corps. Sa tenue est moderne et parfaite pour la vie de tous les jours. »

La chemise à carreaux, très tendance, est portée ouverte sur un top avec les manches retroussées pour cacher les rondeurs des bras. J'ai choisi un haut fluide pour ne pas souligner le ventre. Le gros motif apporte une touche d'originalité et le décolleté met en valeur la poitrine.

Comme Marie n'a pas la taille marquée, j'ai choisi un jean taille intermédiaire, idéal pour sa morphologie ; le bleu brut est amincissant et plus chic.

À retenir : les jeans taille intermédiaire conviennent aux femmes qui ont une morphologie en « H ».

Pour aller au lycée, un large sac est bien utile.

Pour allonger sa silhouette, j'ai opté pour des bottines en cuir avec des talons pas trop hauts pour qu'ils soient confortables.

À retenir : quand on est ronde, on peut porter des bottines avec des pantalons. Mais ce n'est pas flatteur de les porter avec des jupes !

Après

— SHOPPING AVEC LES COPINES —

« J'ai voulu décliner le jean brut dans une tenue un peu plus urbaine. Elle est à la fois chic et décontractée grâce à la veste smoking, le T-shirt fluide, les bottines et le sac rouge pétant. J'ai fait un camaïeu bleu qui amincit et puis j'ai ajouté une touche flashy avec le sac. Très branché ! »

LE LOOK CRISTINA SHOPPING

Le turquoise du T-shirt va bien au teint de Marie et le décolleté lui dégage le cou.

Marie est une blonde dorée, donc les couleurs qui lui vont doivent être fraîches et pétantes, telles que le rouge orangé, le bleu soutenu, le jaune vif... Les blondes argentées doivent en revanche privilégier les couleurs pastel.

La veste smoking sombre, ici bleu marine, est un intemporel que toute femme – et c'est vrai aussi pour les ados – devrait avoir dans sa garde-robe.

Le jean est légèrement évasé vers le bas pour élancer la silhouette et ne pas marquer les genoux.

À retenir : il ne faut pas porter des slims quand on a des genoux ronds car ils accentuent cette caractéristique.

Après
Marie :
Vêtue comme ça je n'aurai même pas besoin de faire du shopping !

— C'EST LA FÊTE ! —

« Pour ses sorties le soir et en clin d'œil à ses idoles Janis Joplin et Jeff Buckley : une tenue à la fois moderne et « rock ». »

LE LOOK
CRISTINA
C'EST LA FÊTE

Le blouson en cuir noir, un basique de la garde-robe, doit être suffisamment long pour arriver au niveau des hanches et ne pas attirer le regard sur les rondeurs. Si vous avez du ventre, privilégiez les blousons et les vestes plus longs.

La robe est fluide, droite avec une ceinture en taille basse et des motifs discrets qui éclairent le fond sombre. C'est le modèle idéal de robe quand on est « H ». Il ne faut surtout pas de robes évasées car elles accentuent l'absence de taille.

À retenir : si vous avez du ventre, privilégiez les robes et les hauts fluides, pas moulants !

La touche « rock » est donnée avec le Borsalino. Très tendance, il se marie parfaitement avec la nouvelle coupe carrée de Marie.

Avec une robe, les bottes sont mieux adaptées que les bottines pour les femmes rondes. Elles allongent la silhouette alors que le duo « bottines / jupe » la casse et accentue le volume des jambes. Avec des bouts ronds et des talons, bien sûr ! Plutôt épais car les talons fins sont réservés aux « brindilles »...

Après
Cristina :
Pour être plus style, incline ton chapeau !

— COIFFURE —

« La couleur naturelle de Marie est un vrai blond de bébé. Mais il est devenu cendré et terne sous l'effet du soleil. »

Avant

1 Il faut lui faire **un carré plus court** pour dégager son cou et révéler son joli port de tête.

2 Pour **donner plus de volume,** on fonce la racine avec une couleur beige. On traite de même les sourcils pour mieux souligner le regard ! Puis, **pour renforcer le blond naturel** des cheveux, on effectue un balayage plus clair sur les pointes.

3 On sèche les cheveux et on les coiffe naturellement avec les doigts pour avoir **un froissé-ondulé**.

Après

À retenir

Si vos sourcils sont trop blonds, n'hésitez pas à les colorer d'un demi-ton plus foncé. Votre regard sera ainsi mis en valeur.

Comment entretenir des cheveux blonds ?

Les cheveux blonds ont tendance à être secs et fragiles. Voici quelques conseils pour éviter qu'ils deviennent cassants et ternes.

- Utilisez des **shampoings adaptés**, notamment ceux à la camomille ou ceux des gammes « spécial blonde ».
- Ne lavez pas vos cheveux tous les jours ! L'idéal : **2 ou 3 fois par semaine**.
- Après le shampoing, le **soin** est essentiel car il apporte de la brillance et de la souplesse. Appliquez-le sur les pointes et laissez-le agir quelques minutes. Rincez abondamment à l'eau tiède.
- Petite astuce pour l'éclat ? Finissez toujours avec un **jet d'eau froide**.
- Pour protéger vos cheveux du soleil, utilisez des **huiles anti-UV**. Elles permettent de nourrir et de faire briller les cheveux.
- De temps en temps, pour rendre votre couleur plus éclatante, n'hésitez pas à **aller chez le coiffeur**.
- Le **balayage** est adapté aux blondes car il apporte, en douceur, un effet « soleil » aux pointes et illumine ainsi le visage. L'effet est très naturel.
- Il est aussi possible de faire des **mèches**, mais attention à l'effet « rayures » qui n'est pas flatteur. Du contraste oui, mais léger pour garder un effet naturel.

— MAQUILLAGE —

« Pour Marie, j'ai voulu faire un maquillage léger, qui mette en valeur son teint de pêche et ses yeux bleus. »

Avant

1 Pour obtenir **un effet naturel**, on dessine le contour de l'œil au pinceau en s'arrêtant au niveau de la pupille pour les ras des cils supérieurs et inférieurs.

2 Pour que le maquillage reste léger, on fait un petit fumé gris sur toute la paupière mobile. Les **couleurs métalliques irisées** font ressortir le bleu des yeux. On utilise ce même gris pour faire le ras des cils inférieurs.

3 Sans oublier de mettre d'abord la poudre matifiante, on applique le **blush rosé** avec un pinceau et en souriant pour donner un effet bonne mine.

Après

À retenir

Les jeunes filles ayant un beau teint n'ont pas besoin de fond de teint. De l'anti-cernes, de la poudre matifiante et une touche de blush sont suffisants pour obtenir un maquillage très naturel.

Maquillage pour les ados : on mise sur la fraîcheur !

- La règle d'or quand on est jeune, c'est de privilégier le maquillage **le plus naturel** possible : priorité au teint !
- Commencez avant tout par l'**hydratation de la peau**. En effet, la peau a tendance « à boire » le maquillage si elle n'est pas correctement hydratée.
- Pour **camoufler les boutons**, appliquez un anti-cernes, de préférence au pinceau (mais demandez conseil car il doit être parfaitement adapté à votre carnation).
- Pas besoin de fond de teint quand on a une belle peau ! Tout ce dont vous avez besoin c'est d'une **poudre matifiante**. Appliquez-la avec un gros pinceau et insistez au niveau de la zone « T » : front, nez et menton. N'oubliez pas d'en avoir dans votre sac pour en remettre si nécessaire au cours de la journée !
- Mettez un peu d'**anti-cernes** sous les yeux pour rendre le regard plus lumineux.
- Un grand nombre d'adolescentes pensent que les yeux de biche et les traits noirs sous les yeux les mettent en valeur. Mais c'est faux ! Ce maquillage n'est pas adapté à leur âge et, en général, mal maîtrisé.
- Appliquez un **fard nacré** dans des teintes naturelles sur toute la paupière.
- Si vous avez des **petits cils**, ou s'ils sont **raides**, recourbez-les avant la pose du mascara, pas quand le mascara est déjà posé ! Ce serait très mauvais pour les cils.
- Si vous avez des **cils blonds** comme Marie, privilégiez un mascara brun, c'est plus doux pour la journée que le noir.
- Comme les lèvres jeunes sont déjà colorées, un **soin légèrement teinté** suffira. Cela protègera aussi des gerçures.

THÉRÈSE, 37 ans

Thérèse, 37 ans, est une jeune maman qui a vu son corps changer et peine à trouver un look qui lui va. C'est un vrai « A » avec une silhouette s'élargissant de haut en bas. Elle n'a pas de ventre et ses genoux, mollets et chevilles sont fins. Elle peut donc se permettre de porter des jupes trapèzes ou évasées plutôt courtes, qui masquent sa culotte de cheval, et des ceintures qui marquent la taille. Comme elle a une petite poitrine, elle pourra appliquer l'un des adages de Cristina : « Petite poitrine, maxi décolleté ! ».

"Je suis un « challenge »... il y a deux tailles de différence entre le haut et le bas de mon corps et c'est très compliqué de trouver des vêtements qui me mettent en valeur. Je ne sais pas comment faire avec mes cuisses rondes. Pourtant, j'essaie de suivre les conseils des professionnels mais je suis perdue. Ce que je désire le plus, c'est de trouver mon style avec le corps que j'ai !"

LE DIAGNOSTIC DE CRISTINA

Thérèse est un peu paumée vis-à-vis de son style et de son corps... Elle veut faire plus « femme » sans pour autant faire plus que son âge !
Je veux lui donner un style plus sophistiqué, mais en tenant compte de son état d'esprit joueur et communicatif.
Côté morphologie, c'est un « A » avec des hanches et des fesses très généreuses.
Je vais lui montrer comment rééquilibrer sa silhouette avec les tenues et exploiter ses atouts : des belles jambes, une taille fine et un sourire à tomber !
Le but c'est de tendre vers la morphologie « 8 » : c'est-à-dire structurer les épaules pour lui donner plus de carrure et rééquilibrer avec les hanches.

"Il faut être plus élégante !"

Avant

La **coupe de cheveux** manque de style. Les sourcils sont trop épilés.

Le **décolleté « one-shoulder »** renforce le déséquilibre entre les hanches développées et la petite carrure.

Difficile d'imaginer une **coupe de robe** aussi peu appropriée : elle cache la taille qui est fine mais moule les cuisses qui sont plutôt fortes.

L'**ensemble** robe + leggings + ballerines fait trop jeune fille.

37 ans
1,68 m
Taille :
40 en haut
44 en bas
Morpho : A

– JE VAIS TRAVAILLER AU JOURNAL –

« Thérèse est journaliste. J'ai donc voulu lui concocter un look de femmes active. C'est une tenue pratique, féminine et moderne. Le portrait craché de cette femme qui est tout sourire ! »

LE LOOK CRISTINA TRAVAIL

↓ **Une astuce pour attirer le regard sur la taille : une fine ceinture rouge pétant, qui tranche sur la jupe noire !** La coupe évasée de la jupe en cuir permet de cacher la rondeur des hanches.

↑ **La chemise imprimée et cintrée est portée col très ouvert pour avoir un super décolleté en « V », idéal pour une petite poitrine comme celle de Thérèse.**

À retenir : on a volontairement prévu un tissu imprimé sur le haut du corps ; quand on est « A », on évite d'en porter au niveau des hanches ou des cuisses.

→ **Côté accessoires, un gros collier et un grand sac noirs personnalisent ce look féminin et stylé.**

→ **Pour valoriser les jambes, autre atout de Thérèse, on a choisi un collant bleu foncé et des escarpins bordeaux qui apportent une note originale et subtile à l'ensemble.**

Après

— JEUNE MAMAN AU TOP —

« Ce n'est pas facile de jongler entre la vie de jeune maman et la vie professionnelle. Il faut miser sur des habits confortables tout en restant séduisante. C'est tout à fait possible d'être élégante et décontractée. Il ne faut pas se laisser aller ! »

LE LOOK CRISTINA JEUNE MAMAN

Vu la morphologie en « A » de Thérèse, la jupe est légèrement trapèze et la veste courte. Une veste plus ample aurait fait « sac ». Le cuir apporte une touche rock.

Pour ne pas augmenter le volume du bas du corps, on utilise un tissu mat et une couleur neutre, le beige.

L'orange et le brun conviennent bien au teint de Thérèse, d'où le choix de ce haut orangé et de l'imprimé du grand foulard.
À retenir : portez toujours la couleur qui vous sied le plus proche possible de votre visage, cela illuminera votre teint.

Thérèse peut se permettre de porter un collant sans pieds car elle a les chevilles fines. Toujours très tendance, l'imprimé léopard apporte un brin d'originalité à l'ensemble.

Après

— CHIC DE LA TÊTE AUX PIEDS —

« J'ai voulu montrer à Thérèse qu'on peut avoir un look sophistiqué sans paraître mémère. Tous ses atouts sont sublimés : les belles jambes, la taille de guêpe... le mélange des couleurs et des pièces rendent l'ensemble moderne. C'est une vraie femme sexy et fière de l'être ! »

LE LOOK CRISTINA CHIC

↓ Pour marquer la taille et parce que Thérèse n'a pas de ventre, on a choisi une ceinture « obi » dont la couleur tranche avec le vert de la robe et s'harmonise bien avec le collant.

↑ Thérèse porte une robe droite mais avec une veste assez longue pour masquer la culotte de cheval.
À retenir : c'est un bon truc si vous avez une silhouette « A » avec de fortes hanches.

← Les jambes gainées de prune semblent plus fines et le vert de la robe se marie d'ailleurs très bien avec la couleur de ce collant.
Les chaussures à talons élancent la silhouette et apportent une note sexy. Décolletées et au bout arrondi, elles sont parfaites pour les rondes.

Après
Cristina :
Le sac en tweed,
c'est le clin d'œil
Chanel et il ne
se démode jamais !

— COIFFURE —

« Son blond a viré au jaune. La coupe est trop classique et manque de modernité. Je vais donc raccourcir la nuque mais préserver les longueurs sur le devant du visage, avec un joli dégradé. Ça sera plus dynamique. »

Avant

1 On reste moderne **en gardant la mèche** qui habille son front mais on fait **une coupe vers l'avant** pour dégager la nuque et mettre en valeur son port de tête gracieux.

2 Dans un premier temps, **on fonce la base** avec un blond plus profond pour créer du contraste. Dans un second temps, **on éclaircit les pointes**.

3 Une fois le travail de couleur terminé, Massato donne la touche finale **en travaillant au ciseau** quelques mèches rebelles.

Après

À retenir

Quand on a des cheveux blonds, il faut oser une coupe un peu plus sophistiquée pour leur donner davantage de caractère.

Cristina : *Ma chérie, c'est toi ! Tu es plus moderne !*

Choisir sa coloration blonde

Le blond a un vrai pouvoir d'attraction pour beaucoup de femmes (et d'hommes !). Mais il faut savoir choisir la nuance qui se mariera le mieux à votre teint.

- Si vous avez des **cheveux foncés**, ne faites pas de changement radical ! Il est nécessaire de passer par plusieurs étapes de décoloration pour que le résultat soit réussi.
- Choisissez le blond en fonction de **votre carnation** et de la couleur de **vos yeux**.
- Si vous avez **un teint et des yeux clairs**, le blond platine ou bébé vous va à merveille.
- Si vous avez **un teint clair et des yeux foncés**, les blonds miel ou doré vous apportent de la lumière.
- Si vous avez **un teint mat**, sachez que le blond n'est pas vraiment pour vous. Mais si vous voulez tout de même être blonde, jouez la carte du blond platine et assumez-la.
- Refaites votre coloration toutes les 3 ou 4 semaines pour **entretenir votre blond**.
- N'oubliez pas d'utiliser des **shampoings** et des **soins spéciaux** pour cheveux colorés blonds pour éviter que votre couleur tourne au jaune ou que les cheveux se ternissent.

— MAQUILLAGE —

« Thérèse a une peau très fine et claire, on voit tout de suite les petites imperfections (rongeurs, cernes, etc.). La grossesse a également provoqué quelques taches ici et là. Il faudra utiliser un correcteur pour unifier le teint naturellement rose. Pour le maquillage, cela veut dire qu'on va jouer sur des teintes froides, telles que le prune, le gris, le bleu… »

Avant

1 On commence par hydrater la peau, mais comme elle est sèche, on utilise des **crèmes hydratantes à base d'eau** plutôt que des produits nourrissants, plus gras, qui feraient « patiner » le maquillage.

2 On privilégie le **blush crème** qui donne un effet seconde peau et ne fait pas « pancake ». Les correcteurs épais ne doivent être utilisés que sur des zones restreintes pour que le teint soit parfaitement unifié.

3 On fait un **maquillage dégradé** (du gris au prune) en allant **du foncé vers le clair** et du ras des cils jusqu'aux sourcils. On ouvre le regard grâce à un trait de crayon doré à l'intérieur de l'œil. On n'oublie pas de **renforcer les sourcils**, trop épilés, avec un crayon beige cendré.

Après

À retenir

Quand on a le regard fatigué, on peut le « rebooster» avec un trait de crayon doré appliqué côté intérieur de l'œil.

Maquillage peaux sensibles

Si vous avez une peau qui s'irrite facilement, misez sur des soins et un maquillage doux, respectueux de votre peau délicate.

- Choisissez une **crème hydratante** et un **démaquillant doux** et **hypoallergéniques**. Ces gestes quotidiens permettront de protéger et d'apaiser votre peau.
- Le maquillage doit être assez **léger** pour éviter d'éventuelles rougeurs ou des démangeaisons. Optez toujours pour le maquillage le plus naturel possible.
- En cas de rougeurs, appliquez un anti-cernes hypoallergénique comme **correcteur** avant la pose du fond de teint.
- Choisissez un **fond de teint** à la composition simple et dans des teintes beiges pour « casser » les rougeurs. Appliquez-le localement, notamment sur la zone « T » : front, nez et menton.
- Privilégiez les **blushs crème couleur abricot**. Le blush rosé accentuerait encore plus vos rougeurs.
- **Nettoyez régulièrement** vos pinceaux et conservez les produits qui ne vous irritent pas. Le changement fréquent de produits augmente les chances d'irritation.

NADIA, 24 ans

Nadia, 24 ans, est étudiante en communication. Elle a une morphologie en « A », faisant une taille 42 en haut et 44 en bas. Après un sévère régime qui lui a fait perdre 34 kilos, elle ne sait pas mettre en valeur sa nouvelle morphologie et tend à se cacher dans des habits informes et noirs. À force de vouloir avoir un style classique et « casual », elle a adopté un style passe-partout qui ne révèle pas ses atouts : une petite poitrine et de jolies jambes.

"Je voudrais être en phase avec moi-même. Je suis étudiante et j'adore la mode mais je suis un peu désemparée... En un an, j'ai perdu beaucoup de poids et, du coup, je ne sais plus comment me mettre en valeur et acheter des vêtements adaptés à ma nouvelle silhouette..."

"C'est un A !"

LE DIAGNOSTIC DE CRISTINA

Nadia c'est un « A » à fond la caisse ! Elle a une carrure étroite, des hanches généreuses et une taille marquée. Elle n'a pas beaucoup de poitrine et ses épaules sont légèrement tombantes. Il faut donc étoffer sa carrure pour équilibrer les épaules avec les hanches. Elle doit oser porter des décolletés qui mettent en valeur ses petits seins. Nadia ne doit pas hésiter non plus à montrer ses jolies jambes : pour cela, elle privilégiera les robes, de forme trapèze ou taille Empire, évasées vers le bas et qui ne lui serrent pas la taille pour ne pas marquer son ventre. Il faut aussi la faire sortir du « total look noir ». Par ailleurs, elle a une tignasse magnifique mais qui est à l'état sauvage... On va enfin découvrir son joli visage !

Avant

La **chevelure** pourrait être magnifique si elle faisait l'objet de plus de soins.

La **chemise** noire fluide renforce l'impression que Nadia a les épaules tombantes.

Le **brillant** du pantalon noir attire trop le regard sur les cuisses. Et **la coupe slim** n'est pas recommandée non plus !

24 ans
1,68 m
Taille :
42 en haut
44 en bas
Morpho : A

Ce n'est pas avec **ce genre de ballerines** que les jambes vont paraître plus longues !

— TENUE DÉCONTRACTÉE —

« J'ai voulu faire un look décontracté pour Nadia. À 24 ans et avec son «nouveau corps», il me semblait important de lui apporter une note de légèreté et de bannir l'uniforme noir. »

LE LOOK CRISTINA DÉCONTRACTÉ

La robe évasée avec un décolleté en « V » met en valeur la petite poitrine de Nadia ; elle est aussi idéale pour masquer sa culotte de cheval. Quand on est « A » avec une petite ou moyenne poitrine, on peut porter une robe taille Empire, c'est-à-dire cintrée sous la poitrine. Mais attention ! Si vous avez du ventre, vous aurez le look d'une femme enceinte !

La chemise à carreaux couvre les rondeurs des avant-bras. Le motif est ton sur ton et la chemise est portée ouverte sur la robe. Les motifs ne doivent pas être « flashy » sinon on augmente le volume. Et rappelons que, quand on est « A », il faut porter les imprimés sur le haut de la silhouette et non pas sur le bas.

Les sabots cloutés à talons épais allongent la silhouette. Quand on est ronde, il faut privilégier les talons épais et les chaussures à bouts arrondis. Les talons aiguilles et les escarpins pointus n'avantagent pas les jambes un peu fortes.

Un gros bracelet complète la tenue en apportant une touche de fantaisie.

Après
Cristina : *Tu as vu comme t'es belle ? Tu n'as pas compris ma chérie !*

— JEUNE FEMME DYNAMIQUE —

« Nadia est en train de finir ses études et doit passer des entretiens pour trouver du travail. Comme elle se destine à la communication, j'ai pu faire un look moderne, féminin et assez décontracté. »

LE LOOK CRISTINA JEUNE FEMME

Le top est fluide et recouvre les hanches pour gommer la culotte de cheval. L'imprimé blanc éclaire le visage mais le dos et les manches du top sont noirs, ce qui affine la silhouette.

Quand on a des hanches généreuses, il faut choisir un jean « bootcut », c'est-à-dire légèrement évasé vers le bas. On équilibre ainsi la silhouette. C'est une règle absolue : pas de jean slim quand on est « A » !
Avec ce type de tenue, Nadia peut rester « à plat ». Mais j'ai sélectionné des ballerines léopard pour rendre le look plus tendance.

Un sac noir à paillettes apporte une note de fantaisie.
À retenir : les gros sacs, qui conviennent si bien aux rondes, doivent être gardés à la main. Portés en bandoulière sur l'épaule, ils épaississent la silhouette.

Après

— GLAMOUR ET SÉDUCTION —

« J'ai voulu révéler la femme qui sommeille dans cette étudiante. J'ai donc joué la carte de la sophistication tant dans le tenue que dans le maquillage et la coiffure ! »

LE LOOK CRISTINA GLAMOUR

La robe a une coupe légèrement évasée pour ne pas marquer les hanches. Elle arrive au-dessus du genou car Nadia a de très belles jambes et ce serait dommage de ne pas les montrer !

Pour mettre en valeur son teint, j'ai choisi un beige. Comme c'est une fille de type méditerranéen, les couleurs chaudes marchent à chaque fois.

Grâce à sa petite carrure, on a pu oser la veste rayée beige et bleu-marine qui rééquilibre le haut du corps par rapport aux hanches.
Mais attention ! Les rayures horizontales alourdissent beaucoup la silhouette. À la limite, adoptez-les si vous êtes « A » avec une petite poitrine, comme Nadia, sinon abstenez-vous !

Des chaussures rouges se sont imposées pour apporter une touche éclatante à l'ensemble et sublimer les jambes.
Très confortables, les semelles compensées séduisent souvent les femmes qui n'ont pas l'habitude de porter des talons.

Après
Cristina :
Nadia, tu est très glam !

— COIFFURE —

« Nadia a des très beaux cheveux bouclés mais elle n'a pas vraiment de coupe. Leur couleur est trop foncée, ce qui lui donne un teint pâle. »

Avant

1 Il faut **dégrader** tout en gardant les longueurs pour obtenir plus de légèreté. Comme Nadia a un visage ovale, on peut le dégager. Et pour l'affiner, on crée une mèche sur le côté.

2 Pour que Nadia ait un look plus actuel, **on garde les racines sombres et on éclaircit les pointes.** On fera un balayage « effet soleil » pour mettre en valeur son teint méditerranéen. Les teintes miel sur sa base châtain cendré auront un effet très naturel.

3 Nadia a les cheveux naturellement bouclés. Pour faire ressortir ses mèches sublimes, Massato a décidé de faire un **brushing souple**.

Après

> *À retenir*
>
> Quand on est ronde et qu'on a des cheveux longs et épais, il faut diminuer la masse de cheveux mais pas trop, au risque de faire ressortir ses rondeurs.

Comment entretenir des cheveux bouclés ?

Si vous avez des cheveux bouclés comme ceux de Nadia, voici quelques conseils pour les mettre en valeur.

- La clé pour avoir des **boucles bien dessinées**, c'est l'hydratation. Faites des masques hydratants au moins une fois par semaine.
- Utilisez aussi des **shampoings** « spécial boucles », **riches en huiles**. Ils nourriront vos boucles en profondeur.
- Pour **protéger les boucles**, laissez vos cheveux sécher naturellement. Si vous n'avez pas le temps, séchez-les avec un sèche-cheveux muni d'un diffuseur et réglé à une basse température. Froissez-les avec les doigts régulièrement pendant qu'ils sèchent.
- Si les cheveux sont **gras**, choisissez des soins spéciaux pour cheveux gras que vous associerez à un shampoing volumateur pour cheveux bouclés.
- Pour **démêler** vos cheveux, bannissez les brosses et les peignes fins. L'idéal c'est de les démêler à la main ou bien avec un peigne qui a des dents très espacées.
- Limitez le plus possible les **brushings** et les **défrisages** qui dessèchent les cheveux et les abîment.

— MAQUILLAGE —

“ Nadia a une peau mixte mais pas grasse. Avant de commencer le maquillage, il faut donc utiliser une crème « spéciale peau mixte » pour contrôler le sébum. ”

1 L'**anti-cernes** est appliqué non seulement sur les cernes mais aussi sur les paupières pour bien les « lisser ». La base est ainsi plus uniforme pour l'application du fard.

2 On applique le fond de teint sans oublier ensuite la **poudre matifiante**. Celle-ci permet de fixer le fond de teint et d'empêcher que la brillance naturelle de la peau ne réapparaisse trop vite.

3 On utilise une **brosse recourbée** pour la pose du mascara. Elle permet de bien couvrir les cils, tout en les recourbant. **En touche finale,** on souligne les lèvres avec un gloss très léger.

Après

À retenir

Pour une bonne protection contre les rayons solaires, veillez à choisir des crèmes hydratantes pour le visage et des baumes pour les lèvres qui ont un indice de protection supérieur à SPF* 15.

* Le SPF est une indication du niveau de protection solaire pour lequel il existe une recommandation.

Astuce pour les peaux méditerranéennes

Le fond de teint

- Les femmes méditerranéennes ont un **teint chaud** qui tire vers le jaune.
- Il faut apporter à ce type de teint de la luminosité, de l'éclat, et, pour cela, choisir un **fond de teint à base d'eau**.
- Il est très important, lors de l'achat du fond de teint, de l'essayer **sur le maxillaire** et non pas sur la main. La couleur de la peau n'est pas la même en fonction des zones du corps.
- Pour plus de naturel, appliquez le fond de teint au **pinceau** et en faisant des mouvements circulaires de l'intérieur vers l'extérieur du visage.
- En hiver, pour donner bonne mine, optez pour des **blush rosés**.
- En été, vous pouvez jouer sur des **camaïeux dorés** avec une poudre de soleil sur les pommettes et un fard à paupières dans des tons ocres pour la touche « soleil ».

Comment choisir son anti-cernes ?

- L'**anti-cernes rosé** est parfait pour ce type de teint et permettra de mieux masquer les pigments jaunes des cernes.

Sur les lèvres

- Des **rouges à lèvres rose** ou **rouge** en hiver sont idéaux pour la touche éclat.
- En été, les **gloss orangé** ou **rosé** rehausseront votre visage de façon naturelle.

ANNE-CLAIRE, 26 ans

Anne-Claire, 26 ans, travaille pour une agence spécialisée dans le web. Dans ce milieu, plutôt masculin et très décontracté, elle a du mal à trouver son style. Dans sa penderie, absolument tous ses habits sont noirs ! Abonnée aux baskets et au duo « pantalon / haut noirs », elle est très loin de l'image de la femme épanouie qu'elle désirerait mettre en avant. Or, il suffirait qu'elle introduise des couleurs dans sa garde-robe et qu'elle porte des chaussures à talons pour révéler sa féminité.

" Ça fait 12 ans que je m'habille en noir... Je suis jeune, célibataire et je voudrais appararaître plus féminine ! Je suis très admirative des blogeuses rondes qui assument leur grande taille et j'aimerais faire de même. Mais je travaille dans le web, un milieu pas très glamour, où l'on s'habille sans aucune recherche. "

LE DIAGNOSTIC DE CRISTINA

Anne-Claire est un joli « 8 » pulpeux et harmonieux. Elle a une poitrine généreuse, la taille marquée, les hanches alignées avec les épaules, et n'a pas de culotte de cheval. Mais ses chevilles et ses mollets sont assez forts.

Elle veut trouver son style mais a bien du mal à se décider à couper ses cheveux, porter de la couleur, des robes, des talons, etc. Mais je suis là pour l'aider à franchir ce cap !

C'est une jeune femme dynamique et elle sera vite à l'aise avec sa féminité. D'ailleurs, lors des séances photos, il apparaît qu'elle est extrêmement photogénique... Elle pourrait être mannequin grande taille !

"Anne-Claire a la taille très marquée !"

Avant

Les **cheveux longs** remontés à la va-vite **en chignon** donnent à Anne-Claire une allure négligée. Une vraie coupe dégagerait son beau port de tête et allongerait sa silhouette.

Ces **manches courtes** ne font qu'attirer le regard sur la rondeur de ses bras.

Le « **total look noir** », sans le moindre accessoire, ressemble à une tenue de camouflage.

Le **haut** ne souligne pas assez le corps au niveau de la taille.

26 ans
1,70 m
Taille : 48
Morpho : 8

Les **baskets** noires font trop ado, trop « casual ».

— JE VAIS FAIRE DU BUZZ... —

« Dans cette tenue suffisamment décontractée pour le travail, je n'ai pas sacrifié un pouce de féminité ! Certes, Anne-Claire porte un pantalon noir, mais il y a la couleur et la petite veste qui changent tout ! »

LE LOOK CRISTINA TRAVAIL

Le T-shirt blanc fluide à gros motifs imprimés apporte du dynamisme à la tenue et illumine le visage.

La veste cintrée, une pièce indispensable dans une garde-robe, féminise la silhouette en soulignant la taille.
Elle est toutefois à éviter lorsqu'on a une culotte de cheval, ce qui n'est pas le cas d'Anne-Claire ! Autre avantage de cette petite veste : elle masque bien la rondeur des bras.
À retenir : quand on est ronde, on porte toujours sa veste ouverte sinon toutes les formes sont marquées.

Le jean noir « bootcut », légèrement évasé vers le bas, est idéal car il dissimule les mollets qui sont un peu forts.
La touche de couleur est apportée par le sac et les chaussures.

Après

— UN WEEK-END À PARIS… —

« Dans cette tenue, j'ai voulu jouer la fluidité pour allonger la silhouette d'Anne-Claire. »

LE LOOK CRISTINA WEEK-END

Le prune va à merveille au teint d'Anne-Claire et fait ressortir le vert de ses yeux.

La tunique est fluide pour ne pas trop marquer ses rondeurs. Le col rond convient parfaitement au volume de la poitrine.
À retenir : un décolleté en « V » sur une forte poitrine est à proscrire, cela fait tout de suite vulgaire ; les cols ronds ou carrés sont bien mieux adaptés.

Pas d'hésitation sur la taille et la couleur des accessoires : un grand sac et un sautoir qui illumine le prune de la tunique ! Un petit sac par exemple aurait déséquilibré la silhouette.

Les chaussures léopard à semelles compensées donnent une touche mode à la tenue.

Après

— IN THE MOOD FOR LOVE —

« Contrairement à ce qu'Anne-Claire pensait, il est possible de sortir le grand jeu, d'être féminine tout en étant en ronde. Je lui ai révélé son énorme potentiel de séduction ! »

LE LOOK
CRISTINA
LOVE…

La robe rouge, très sexy, est parfaitement adaptée à son teint pâle. Toutes les nuances de rouges vont à merveille aux femmes qui ont la peau très claire et les yeux verts.

Un collant noir aurait été trop classique : on mise sur un collant bleu nuit, opaque. C'est plus « style » !

Les chaussures léopard utilisées précédemment avec le pantalon vont aussi bien avec la robe car elles sont très décolletées et n'alourdissent pas la cheville.

Les manches raglan et fluides masquent les rondeurs des bras.

À retenir : les fronces autour de sa taille et les volants n'amincissent pas la silhouette. Mais Anne-Claire à décidé d'assumer ses rondeurs d'où ce choix osé.

De longues boucles d'oreilles mettent en valeur le port de tête et l'encolure.

Après
Anne-Claire:
J'ose dire :
je me trouve sexy !

— COIFFURE —

« Les cheveux longs et « filasses » cassent le port de tête d'Anne-Claire et la tassent. Une coupe courte va la rajeunir et dégager son joli profil. En fonçant sa couleur et en laissant ses mèches, on va créer du volume. »

Avant

1 La nuque est dégagée, mais on garde les mèches de devant plus longues pour **encadrer** et **affiner le visage**.

2 On conserve quelques mèches et on **fonce** le reste de la chevelure de **deux tons au-dessus** pour obtenir de la profondeur.

3 Pour finir, on pratique un **séchage « décoiffé »** afin de donner un style moderne à la coupe.

Après

À retenir

La coupe carrée n'est pas interdite aux femmes rondes ! Au contraire, le carré, surtout quand il est plongeant, affine les visages ronds.

Cristina : *Maintenant ta chevelure est éclatante et il y a du volume. Tu es très belle, ma chérie !*

Le carré, pour les rondes aussi !

Quelle que soit votre nature de cheveux, qu'ils soient raides ou bouclés, fins ou épais, le carré est une valeur sûre… Il peut aussi s'adapter à tous les types de visages.

- Pour les visages comme celui d'Anne-Claire, l'idéal est le **carré plongeant**, c'est-à-dire plus court sur la nuque que sur le devant, avec des mèches s'arrêtant juste en dessous de la mâchoire.

Faut-il faire une frange ?

- La **frange**, surtout quand elle est très longue et raide, a tendance à arrondir le visage. Plus flatteur, surtout si on est ronde : une **mèche sur le côté** qui dégage le front et affine le visage.

Comment vous coiffer ?

- Vous pouvez sécher vos cheveux naturellement au sèche-cheveux et les décoiffer légèrement en les froissant pour donner une touche moderne.
- Si vous voulez avoir des **cheveux bouclés**, mettez des gros rouleaux et séchez au diffuseur, ou bien utilisez un fer à friser.
- Si vous désirez une **version plus stricte**, faites un brushing ou utilisez un fer à lisser.

— MAQUILLAGE —

“ Anne-Claire a une très belle peau et des yeux verts spectaculaires ! On va donc axer le maquillage sur la qualité du teint avec une mise en valeur de son regard. ”

Avant

1 Après avoir hydraté la peau, on applique un **fond de teint à base d'eau**, toujours au pinceau. L'effet est plus lisse, moins épais.

2 Pour faire **ressortir le vert de l'iris**, on applique un fard gris avec des reflets prune sur la totalité de la paupière mobile. Puis on utilise un recourbe-cils, indispensable, avant la pose du mascara.

3 On **densifie les sourcils** avec un peu de mascara de la même couleur que les cils (noisette) pour obtenir un effet plus naturel.

Après

À retenir

Le soir, vous pouvez utiliser un fond de teint un ton plus clair que votre carnation afin d'avoir plus d'éclat sous les lumières artificielles.

Maquillage du soir

Même si le maquillage peut être plus soutenu que le jour, évitez le look « hyper maquillé » qui fait pot de peinture ! Choisissez de mettre en avant soit les yeux soit les lèvres.

- Après avoir **hydraté votre peau**, appliquez un **fond de teint** légèrement plus clair que votre carnation. Il vous apportera de la fraîcheur sous les lumières artificielles du soir.
- Poudrez l'extérieur des pommettes avec un **blush irisé** pour capter encore plus la lumière.
- Si vous choisissez de mettre en valeur **vos yeux**, vous pouvez faire un maquillage charbonneux, souligner votre regard avec de l'eye-liner, et allonger vos cils éventuellement avec des faux cils et du mascara noir pour la profondeur. La bouche doit alors rester naturelle, juste avec un peu de gloss que vous tapotez avec le doigt.
- Inversement, si vous désirez attirer l'attention vers **vos lèvres**, faites une bouche rouge. Marquez le contour des lèvres avec un crayon de la même couleur que le rouge à lèvres et appliquez le rouge au pinceau pour plus de précision. Restez naturelle au niveau des yeux, en utilisant tout simplement un eye-liner (qui suit la courbe naturelle de vos yeux) et du mascara.

CAMILLE, 24 ans

Camille, 24 ans, travaille dans un cabinet d'avocats où elle s'occupe de l'événementiel. Passionnée de maquillage, une véritable « M.A.C addict » à l'affut de toutes les tendances beauté, elle n'ose pas s'acheter de nouveaux vêtements en se disant qu'elle mincira un jour. Mais elle a de précieux atouts qui passent inaperçus : un visage type « vénitien », des jambes bien dessinées et une belle poitrine.

LE DIAGNOSTIC DE CRISTINA

La première chose que j'ai remarqué quand j'ai vu Camille, c'est sa posture. Elle se tient comme une petite vieille et il faut qu'elle corrige ça !
Camille est un « H » typique : elle doit bannir les vêtements cintrés car sa taille n'est pas marquée. Les vestes cintrées sont la seule exception à la règle, car elles donneront une illusion de taille mais à condition de ne pas les fermer. Camille doit porter des jupes ou des robes droites, près du corps mais sans être moulantes. Tout ce qui est près du corps doit être droit. Camille a des jambes si jolies que j'ai tout de suite eu envie de la mettre en mini-jupe ! Mais sans aller si loin, je vais surtout miser sur des jupes et des robes droites ou des pantalons slims qui révèleront ses très jolis mollets et ses chevilles fines.

Depuis des années, j'enchaîne les régimes sans succès. Je me disais qu'il fallait que je m'accepte telle que je suis et voici qu'une opportunité en or s'est présentée ! L'image est importante dans mon travail car je suis souvent en contact avec des clients. Je voudrais en finir avec mes tenues passe-partout tout en restant dans les limites qu'impose mon activité. Je suis donc ravie de vivre une telle expérience !

"Il faut te rajeunir à fond !"

Avant

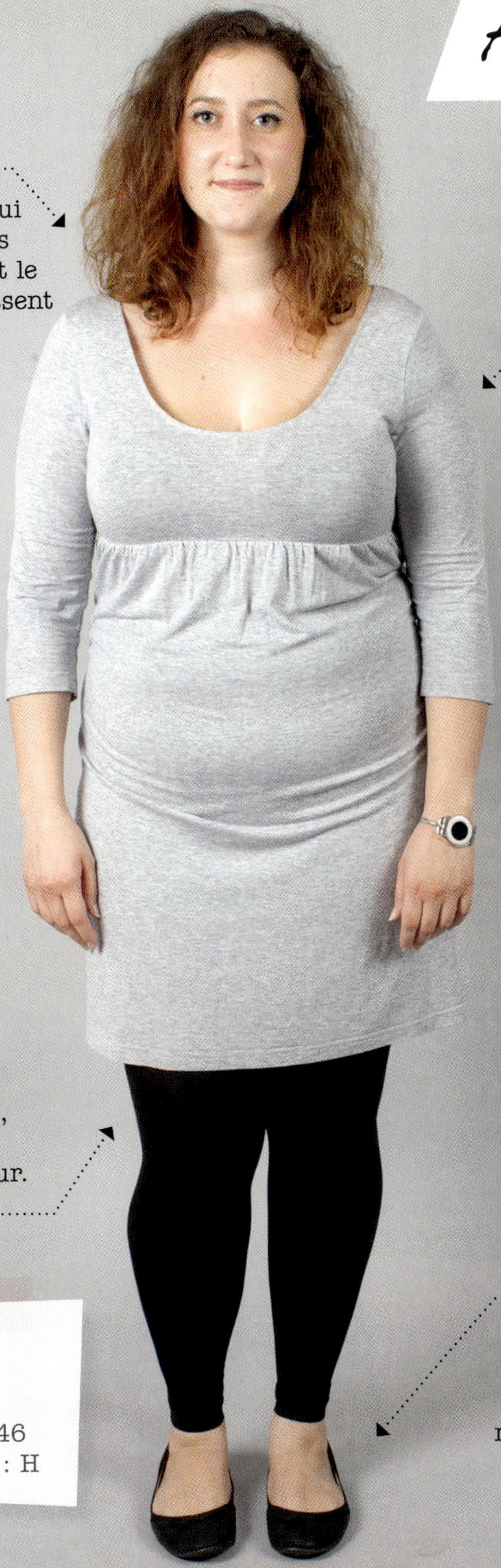

Les **cheveux** qui tombent sur les épaules tassent le cou et alourdissent la silhouette.

Les **manches moulantes** accentuent la rondeur des bras.

La **« taille Empire »** ne suffit pas à masquer le ventre qui est accentué par le tissu moulant.

Les **jambes**, pourtant fines, ne sont pas mises en valeur.

24 ans
1,62 m
Taille : 46
Morpho : H

Ces **ballerines**, toutes plates et sans charme, n'arrangent rien à l'allure générale.

— JEUNE ET « IN » —

« J'ai voulu apporter une touche de fraîcheur et de jeunesse dans le style de Camille. Elle s'habillait d'une façon trop terne et là je lui montre qu'elle peut porter de la couleur sans problème. »

LE LOOK CRISTINA JEUNE

Le jean slim, c'est ce qui lui va le mieux. Camille a des jambes élancées et le pantalon moulant souligne la finesse des mollets ! Un pantalon évasé aurait au contraire épaissi sa silhouette.

Le manteau a une coupe droite en rapport avec sa morphologie, mais il s'arrête juste sous les hanches pour masquer les rondeurs.

À retenir

Le monochrome allonge et affine la silhouette. Les touches de couleur peuvent être apportées par les accessoires, et éventuellement un manteau ou une veste. C'est ce qui donne aussi la note de gaieté et d'originalité.

Des chaussures rouges, un grand sac en imprimé léopard et le vert du manteau sont les touches qui égayent l'ensemble.

Après
Cristina :
Le vert se marie à merveille avec le blond vénitien !

— PARÉE POUR LA VIE ACTIVE —

« On peut se permettre un peu de fantaisie quand on va travailler. Ici, c'est l'imprimé qui rend originale cette robe dont la coupe est assez classique. »

LE LOOK CRISTINA VIE ACTIVE

↑ La robe est droite, sans froufrous ni plissés, dans une matière mate, et s'arrête au-dessus du genou. Les rondes doivent éviter les matières brillantes et les volumes inutiles qui grossissent.

↓ Camille peut porter un collant sans pieds car elle a une cheville fine qui peut être dénudée. Attention, si vous avez des chevilles épaisses, le collant classique opaque sera plus flatteur. Le rouge des chaussures se marie parfaitement avec le vert de la robe.

↓ Un bracelet à chaque poignet permet d'équilibrer la silhouette. Très Chanel !

Le sac oversize en cuir est idéal pour aller au travail : on peut ranger toutes ses affaires, mais sans sacrifier sa féminité !

À retenir

Les imprimés à contraste, par exemple jaune et rouge, épaississent n'importe quelle silhouette. Quand on est ronde, le ton sur ton, qu'il soit foncé ou clair, est préférable.

Après

— TENUE RÉTRO GLAM —

« Ici j'ai marié le reptile avec le fauve. Le sac en imprimé python, le foulard et les chaussures léopard sont dans l'air du temps et peuvent être facilement associés. Une règle à respecter : pour éviter la cacophonie, réservez ces fantaisies aux accessoires ! »

LE LOOK CRISTINA RÉTRO GLAM

Le sac, en imprimé python, est dans une couleur neutre. De plus, le gris s'associe avec tout et complète bien le look « fauve ».

Côté collant, pour déroger au classique noir, on a opté pour le violet qui se marie à merveille avec le vert de la robe.

La robe monochrome à la coupe droite affine la silhouette de Camille. Le foulard vert imprimé léopard se fond avec la robe, créant ainsi une silhouette plus longiligne. Les manches trois-quarts sont parfaites pour les bras ronds. Mais attention : elles ne doivent pas être moulantes !

Les chaussures à talons sont d'une couleur discrète mais elles apportent une touche de féminité essentielle à l'allure générale. Leur décolleté affine la jambe.

Après

— COIFFURE —

« La coiffure de Camille la vieillit. Le carré plongeant est vraiment raté. Les boucles sont maltraitées et la couleur est trop foncée ! »

L'EXPERT MASSATO COIFFURE

Avant

Cristina :
Ma chérie, tes cheveux c'est ce qu'on appelle un terrain en friche !

1 La coupe plongeante accentuait la mauvaise posture de Camille. Un carré plus **court et droit** va mettre en valeur le visage et les boucles naturelles. La coupe se fait sur les **cheveux secs** pour respecter la courbure des boucles.

2 Côté couleur, l'idée est d'**apporter de la lumière** à ses cheveux ternes. On procède donc tout d'abord à un balayage pour éclaircir les pointes.

3 Camille a la peau blanche et des tâches de rousseur : on choisit un **blond vénitien** pour réchauffer son teint et lui apporter de la lumière. Pour cela, on applique un lait de henné, qui contient des pigments rouges tout en donnant de la brillance aux cheveux.

Après

À retenir

Le blond vénitien est une couleur qui va à merveille aux femmes qui ont le teint clair et les yeux verts.

Camille :
On se sent légère avec une telle coupe !

Pour avoir un roux flamboyant !

Les cheveux roux sont plus sensibles que les autres cheveux aux changements de saison et aux UV. Ils demandent ainsi des attentions particulières.

- Choisissez des **shampoings à base de henné** qui permettront d'entretenir l'intensité de votre roux.
- Si vous avez des **cheveux secs**, utilisez des soins nourrissants pour les hydrater.
- L'éclat est l'une des caractéristiques des cheveux roux, n'hésitez donc pas à faire 2 ou 3 fois par semaine des **masques « spéciale brillance »** après vos shampoings, surtout pendant l'hiver.
- En été, **protégez vos cheveux** et votre cuir chevelu en vaporisant régulièrement un écran solaire anti-UV. Faites aussi des masques nourrissants après l'exposition au soleil.

— MAQUILLAGE —

« Pour Camille, on a voulu faire un maquillage frais. On mise tout sur ses lèvres et moins sur ses yeux. »

L'EXPERT M.A.C MAQUILLAGE

Avant

1 Après l'hydratation de la peau, on applique une **base matifiante** pour masquer les petites rougeurs. Cette base permet aussi de faire tenir le maquillage toute la journée et d'apporter de l'éclat. On unifie ensuite le teint avec un fond de teint liquide.

2 Camille a des cils droits et courts : pour renforcer son regard, on pose donc des **faux cils**, pas trop longs. On les place le plus près possible des cils en commençant par le coin interne de l'œil. Une touche de mascara et l'effet est « glam » !

3 On dessine le **contour naturel des lèvres** avec un crayon de la même couleur que le rouge à lèvres. Pour plus de précision, on applique ce dernier avec un pinceau. Attention, un trait de crayon plus foncé que le rouge à lèvres fait vulgaire !

Après

> **À retenir**
> Quand on a des cils courts, sachez que les faux cils « liftent » le regard. Mais attention ! Ne choisissez pas des cils trop longs sinon l'effet est trop artificiel.

Astuces maquillage pour peaux claires

Vous avez le teint très clair et la peau de vos paupières est très fine et tire vers le « rosé veiné ». L'astuce est de miser sur la fraîcheur de votre teint.

- Premier impératif, valable pour toutes les femmes : **hydratez** votre peau matin et soir.
- **Gommez** les petites rougeurs et imperfections, plus visibles sur un teint clair, avec un anti-cernes beige.
- Pour donner une touche d'éclat, choisissez un **fond de teint** fluide nacré.
- Évitez les **poudres « soleil »** qui, à la fin de journée, vous donnent un teint orangé et artificiel.
- Appliquez sur les pommettes un **blush rosé, abricot ou pêche**. Effet bonne mine garanti !
- Pour les yeux, misez sur des **fards irisés** dans des couleurs naturelles. Des couleurs trop voyantes peuvent faire vulgaire.
- Donnez de la profondeur à votre regard avec un **mascara**. Choisissez-le noir si vous êtes brune, ou bien marron si vous avez les cils blonds.
- Gardez une **bouche « nude »** avec un peu de gloss dans les tons rosés que vous appliquerez en tapotant.

ANNE, 33 ans

Anne, 33 ans, est graphiste indépendante et mère d'un petit garçon. Travaillant à la maison, elle porte toujours les mêmes vêtements : jeans, bottes et chemises larges. Les tenues sont certes confortables et adaptées pour sa vie à la campagne, mais Anne désire sortir un peu des sentiers battus et expérimenter d'autres styles. En quête d'originalité, elle souhaite trouver un style qui révèle qui elle est vraiment.

« Je viens d'avoir 33 ans et je veux aller de l'avant. J'ai connu un ralentissement de mon activité professionnelle et, en même temps, j'ai pris du poids. Ça m'a pas mal affecté le moral. J'ai maintenant envie de commencer un nouveau chapitre de ma vie et de m'investir davantage dans mes projets artistiques. Pour moi, ce relooking, c'est une sorte de tremplin : pour oser faire d'autres choses, me permettre de vivre d'autres expériences... »

LE DIAGNOSTIC DE CRISTINA

Anne est un « 8 » bien affirmé, c'est-à-dire que ses épaules sont dans le même alignement que ses hanches et qu'elle a une taille marquée.
Elle a aussi une poitrine généreuse, il faudra donc dégager et allonger son port de tête ; mais attention aux décolletés trop importants, qui feraient vulgaires.
Les looks seront décontractés et féminins mais toujours avec une touche de surprise, avec un détail qui sort du lot.
Les tenues doivent être le reflet de sa personnalité : jeune, dynamique et créative !

« Tu es trop négligée, ma chérie ! »

Avant

L'**écharpe entortillée** autour du cou masque le port de tête et le gris affadit le teint.

Trop ample, **le top** cache la taille et augmente le volume du buste.

Le haut s'arrête hélas juste **au-dessus des hanches** qui n'en paraissent que plus larges.

Le **jean moulant** fait ressortir la culotte de cheval.

Les **bottes plates** alourdissent les jambes.

33 ans
1,63 m
Taille : 46
Morpho : 8

— ON OSE LA COULEUR ! —

« J'ai osé une tenue « color block » car Anne est inventive. C'est très tendance et ça marche car on a su associer les couleurs qui lui vont au teint avec des formes qui l'amincissent aux endroits stratégiques ! »

LE LOOK CRISTINA EN COULEURS

On a choisi un beau bleu dans une matière brillante pour le buste.

Assez courte et en tissu mat, la jupe trapèze cache la rondeur des hanches tout en mettant en valeur ses jambes.
À retenir : portez les matières mates là où vous êtes le plus ronde.

On retrouve le mat avec le collant bordeaux, qui affine les jambes.

Les hauts talons élancent la silhouette.

À retenir

L'idéal c'est de trouver LA forme et LA couleur qui vous vont. Mais comme on ne trouve pas toujours son bonheur, si vous devez choisir entre les deux, privilégiez toujours la forme.

Après
Cristina :
Cette tenue est
parfaite pour toi !

— TENUE DÉCONTRACTÉE —

« Anne a besoin de tenues confortables dans sa vie de tous les jours et, par conséquent, j'ai concocté cet ensemble qui est à la fois pratique et urbain. Parfait pour cette femme qui vient souvent à Paris rencontrer ses clients. »

LE LOOK CRISTINA DÉCONTRACTÉ

Le long gilet sombre fait merveille : il allonge la silhouette, couvre les hanches tout en apportant du style. Le top orange apporte la touche de couleur dans cette tenue plutôt sombre, le tissu est assez fluide pour ne pas marquer les rondeurs.

Mais sans les bottes en python, le tout ne serait pas très rock'n'roll !

Anne peut se permettre de porter un jean droit à condition de couvrir sa culotte de cheval.

Plus qu'un accessoire, le long sautoir apporte une touche harmonieuse et féminine. À retenir quand on est ronde et que l'on a un petit cou.

Après
MARTINI

— « SPORT CHIC » —

“ Anne a complètement craqué pour cette robe. La coupe originale y est pour beaucoup. J’ai voulu associer à la robe des accessoires pas trop sophistiqués mais très féminins, notamment le sac qui donne la touche « sport chic ». ”

LE LOOK CRISTINA « SPORT CHIC »

↓ L’encolure arrondie dégage son cou et le collier met en évidence son joli port de tête.

↓ Collant bordeaux, « sac-cartable » et chaussures à talons apportent la touche « sport chic » à l’ensemble.

↑ Cette robe droite lui sied car elle n'est pas moulante.

Les couleurs froides vont très bien à son teint très clair et révèlent le vert de ses yeux.

Après
Cristina :
Ma chérie !
Il y a un vrai
avant et après !

— COIFFURE —

« Je veux faire une coupe jeune et moderne qui tienne compte du côté artiste d'Anne. Elle sera légèrement déstructurée pour avoir plus de mouvement. On va « créer » la tête ! »

Avant

1 Pour révéler son joli profil, on raccourcit les pointes. On garde la **mèche devant** pour encadrer son visage et on **dégrade vers l'arrière** pour plus de dynamisme.

2 On fait un **balayage** avec un blond beige pour donner de la lumière au niveau des pointes.

3 Pour apporter de la brillance, on termine par une **coulée de pigments bruns**. On travaille la chevelure avec une crème hydratante et on finit par un séchage naturel pour garder l'effet « décoiffé », très moderne.

Après

À retenir

Si vous avez un front large, habillez-le avec une mèche légère balayée sur le côté. Cela adoucira les traits de votre visage.

Comment donner du volume à des cheveux fins ?

Fatiguée d'avoir des cheveux plats, sans aucun volume ? Quelques gestes simples, couplés à des soins, sont suffisants pour retrouver une belle crinière !

- Lavez vos cheveux à l'eau fraîche. Ils auront **moins d'électricité statique**, principale responsable des cheveux sans volume.
- Ne séchez pas vos cheveux à **l'air chaud** car cela les rend cassants. L'idéal, c'est de bien les éponger avec une serviette puis de les laisser sécher à l'air libre.
- Si vous n'avez pas le temps de les laisser sécher naturellement, utilisez un sèche-cheveux **à fonction ionique** qui facilitera le coiffage grâce à son effet antistatique. Ne tirez pas trop sur les cheveux lors du brushing car cela les fragilise.

Les soins

- Privilégiez les **shampoings « volumateurs »** sans silicones car ces particules ne partent pas au lavage et alourdissent les cheveux.
- Évitez d'appliquer un **après-shampoing**, car cela n'aide pas à avoir du volume.
- Pour démêler vos cheveux, utilisez plutôt un **spray** démêlant sans rinçage.
- Si vos cheveux sont secs, une noisette de **crème capillaire** sur les pointes est suffisante pour les réhydrater.

— MAQUILLAGE —

« Anne a eu de l'acné juvénile et a gardé quelques cicatrices au niveau des pommettes. On fera donc un maquillage qui « lissera » la peau tout en lui apportant de la fraîcheur. »

Avant

1 Après l'hydratation de la peau, on passe, à l'aide d'un pinceau, une **lotion matifiante** sur les zones de brillance, notamment la zone « T » (front, nez, menton).

2 Pour masquer les cicatrices, on applique une **poudre très fine**. Le fond de teint est mis uniquement sur les imperfections (sur les pommettes). Pour optimiser la tenue du fond de teint, on remet de la poudre libre sur tout le visage en la tapotant.

3 Comme Anne a les yeux verts, on met en valeur son regard en faisant un « smocky » subtil avec des **fards à paupières** prune, marron, rouge et or.

Après

À retenir

Il ne faut pas utiliser des produits gras sur une peau à tendance acnéique. Privilégiez des hydratants matifiants à base de minéraux, qui apporteront un maximum d'eau à l'épiderme.

Astuce maquillage pour peaux acnéiques

Si vous avez beaucoup d'acné, n'hésitez pas à consulter un médecin qui vous prescrira une crème adaptée, voire des traitements antibiotiques, pour la combattre efficacement. Suivez aussi les conseils ci-dessous.

- Matin et soir, **nettoyez** votre peau avec un produit adapté qui la soigne, sans l'assécher.
- Appliquez, avant le maquillage, une **crème adaptée** qui hydratera votre peau sans la graisser.
- Avec un pinceau plat, posez une **base de maquillage** qui uniformisera votre grain de peau en comblant les micro-irrégularités. Elle permettra aussi de stabiliser le fond de teint.
- Appliquez sur les rougeurs ou les boutons un **anti-cernes beige** et plus clair que votre fond de teint.
- Appliquez un **fond de teint** de la même couleur que votre carnation, puis une **poudre matifiante** libre en insistant sur la zone « T ».
- Privilégiez **les blush mats**. Et évitez les blush nacrés, irisés ou la poudre soleil car ils accrochent la lumière et accentuent le relief cutané.

MARTINE, 54 ans

Martine, 54 ans, travaille dans un centre de balnéothérapie en Alsace. Elle est l'une de ces innombrables adeptes du « total look monochrome » qui certes l'amincit mais lui donne l'impression d'être toujours habillée de la même façon. Très féminine, elle est un « 8 » rond pulpeux : c'est-à-dire que ses hanches sont dans l'alignement de ses épaules et que sa taille est marquée. Elle a néanmoins un peu de ventre et il faudra donc cintrer ses habits sans avoir recours aux ceintures.

"Je viens d'avoir un nouveau poste dans un grand groupe français de spas et je voudrais me sentir à l'aise dans un environnement majoritairement masculin, cela peut surprendre, mais c'est la réalité. Je n'ose pas beaucoup mais j'adore tout ce qui est « glam » et je voudrais être un peu plus sophistiquée. Mais c'est difficile de trouver l'équilibre entre la modernité et mon âge..."

LE DIAGNOSTIC DE CRISTINA

Martine a beaucoup de charme mais elle a besoin d'une « mise à jour » au niveau vestimentaire. Elle pense que les superpositions de vêtements cachent ses rondeurs mais c'est l'inverse.

Il faut toujours révéler ses atouts, qui sont chez elle : une peau magnifique et des jambes bien dessinées.

Elle a aussi du mal avec la couleur – savoir celles qui lui vont – et comment les assembler.

Je vais donc lui proposer des styles qui lui permettent d'être plus sophistiquée sans avoir un look « mémère » !

"J'adore ta féminité !"

Avant

Ces **mèches sombres** au niveau de la nuque et **blancs** au-dessus ont un petit côté « Cruella » !

Superposer deux pièces sur un pantalon ne fait qu'**alourdir la silhouette** et épaissir la taille.

Le **pantalon large et resserré** à la cheville ne met pas du tout en valeur ses jambes.

54 ans
1,70 m
Taille : 48
Morpho : 8

— SEXY ET DÉCONTRACTÉE —

« Martine adore mettre des talons, des jupes, c'est donc très facile de lui proposer ce style féminin tout en étant facile à porter. Comme ce sont les couleurs froides qui lui vont au teint, le bordeaux, un rouge avec des pigments bleus, est idéal. »

LE LOOK CRISTINA DÉCONTRACTÉ

↓ **Le sac apporte une touche claire à l'ensemble.** Il n'est pas nécessaire d'ajouter d'autres accessoires qu'un joli bracelet.
Le collant opaque et les chaussures décolletées à talons hauts élancent la silhouette.

↑ **Cette robe pull est parfaite pour Martine : la couleur, la forme, le tombé...** tout est bon ! Elle n'est pas moulante et épouse avec élégance ses hanches. Elle a la particularité d'associer confort et féminité.

À retenir : les rondes doivent choisir des robes pulls qui ne soient ni trop épaisses ni trop fines. Le jersey en est la matière idéale.

→ **Le col peut être volumineux car la poitrine de Martine est plutôt petite.** Il habille le buste autant qu'un gros sautoir.

Après

— HAPPY HOUR —

« Martine est grande et peut se permettre de porter du long. Mais pas exclusivement ! Là j'ai rajeuni son look avec une jupe courte. On voit enfin ses jolies jambes ! Ce n'est pas parce qu'on a plus de 50 ans qu'on doit se cacher ! »

LE LOOK CRISTINA HAPPY HOUR

Le haut noir n'est ni moulant ni trop ample. Les manches longues en maille, travaillées avec un effet de dentelle, cachent la rondeur des bras en toute féminité. Le col bénitier habille suffisamment le cou ; il n'y a donc aucune nécessité d'ajouter un collier qui chargerait trop le look.

Les grandes boucles d'oreille sont là pour attirer l'attention sur le visage.

Comme Martine n'a pas de culotte de cheval, elle peut se permettre de porter des jupes droites. La jupe arrive juste au-dessus du genou et apporte ainsi de la modernité, sans vulgarité. Fluide, le tissu épouse ses hanches sans les marquer.

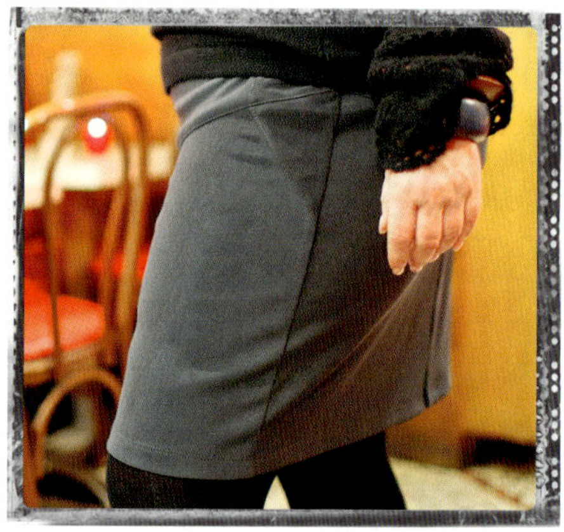

Comme Martine a les chevilles fines, les chaussures à brides lui conviennent parfaitement.

Après

— RENDEZ-VOUS AU CAFÉ MARLY —

“ Le style est glam et moderne. On décale la robe très féminine et sexy avec une veste noire masculine. C’est tellement chic ! ”

LE LOOK CRISTINA GLAM

On ne rajoute pas de collier car le décolleté met déjà en valeur le cou et la poitrine.

Très chic, la robe, imprimée et satinée, est portée avec une veste noire, légèrement cintrée pour marquer la taille et amincir la silhouette. La robe Empire, avec le décolleté en « V », lui va à merveille et tombe parfaitement en cachant ses rondeurs.

Martine est assez grande (1,70 m), pour pouvoir porter de longues robes, mais avec des talons. Attention, si vous êtes petite, privilégiez toujours le court car les vêtements longs tasseront votre silhouette.

À retenir

Pour ne pas alourdir la silhouette, il vaut mieux ne pas porter un imprimé sans mettre par dessus une veste ou un gilet sans motif.

Après

— COIFFURE —

“ Les cheveux blancs vont très bien à Martine et c’est super qu’elle ait osé garder sa couleur naturelle. En revanche, il faut éclaircir la nuque qui est trop sombre. ”

Avant

1 Les cheveux de Martine ont les pointes sèches et leur implantation sur la nuque est très basse. On **coupe** donc un tiers de la longueur **en dégradant derrière.** Puis on habille son front et le contour du visage avec des mèches.

2 Dans un premier temps, on **décolore la nuque** pour rattraper la couleur avec un « effaceur », qui nettoie le reste de pigmentation naturelle. Puis on patine, grâce à une coulée de pigments, pour que ça ne fasse pas trop « jaune ».

3 On termine avec un **balayage** léger sur les pointes pour sublimer la coupe.

Après

À retenir

Si vous avez beaucoup de cheveux blancs et que vous en avez assez de faire une couleur toutes les semaines, pourquoi ne pas garder votre couleur naturelle ? Mais attention, le blanc demande aussi un peu d'entretien.

Martine :
Je n'aurais jamais osé la coupe courte, mais j'aime beaucoup le résultat. J'ai rajeuni de 10 ans !

Comment entretenir des cheveux blancs ?

Si vous avez décidé de ne plus masquer vos cheveux blancs, sachez que cela demande tout de même un minimum d'entretien. Pour avoir une belle chevelure, voici quelques conseils.

- Pour éviter que les cheveux blancs jaunissent, faites des **shampoings violets** une fois par semaine. Attention, respectez le temps de pose indiqué ! Ils donnent de l'éclat au blanc en gommant le jaune.
- S'il vous reste des cheveux plus sombres, vous pouvez les éclaircir avec un **« effaceur de couleur »** qui va supprimer la pigmentation naturelle.
- Faites également des **masques nourrissants**, au moins une fois par semaine, car les éclaircissements ont tendance à dessécher les cheveux.
- Pour un **« blanc de blanc »**, n'hésitez pas à aller chez un coiffeur qui vous fera une coloration sans ammoniaque.

— MAQUILLAGE —

« Martine a une peau fine et rosée. On fera donc un maquillage frais qui mettra aussi en valeur les yeux qui sont en amande. »

L'EXPERT M.A.C MAQUILLAGE

Avant

1 Tout d'abord, on **hydrate la peau** avec un soin à base de minéraux et de caféine. La caféine est un **antioxydant** qui apaise les rougeurs de la peau.

2 On applique au pinceau un anti-cernes autour de l'œil. Puis on met, toujours au pinceau, un fond de teint liquide sur les joues, le nez et le menton. Le **fond de teint beige** casse les rougeurs des pommettes. Enfin, une poudre de fécule de maïs matifiante apporte de la fraîcheur au maquillage.

3 Un fard à paupières longue tenue, couleur champagne, est posé sur la totalité de la paupière mobile. Avec un pinceau biseauté, on suit les ras des cils (supérieurs et inférieurs) avec un fard mat kaki. Puis on applique sur la paupière un fard soyeux gris que l'on estompe pour obtenir un **effet fumé**.

Après

À retenir

Passé un certain âge, privilégiez les fonds de teints fluides qui apporteront de l'éclat à votre teint. Et évitez les fonds de teint poudrés ou dits « longue tenue » qui donneront un aspect artificiel, ce qui vous vieillira davantage. Attention, utiliser un fond de teint plus foncé que sa carnation vieillit et durcit les traits.

Un maquillage « anti-âge »

Comment faire un maquillage qui atténue les effets du temps tout en ayant l'air naturel et mette le teint en valeur de façon efficace et non artificielle ?

- L'**hydratation** est fondamentale pour n'importe quel type de peau. Privilégiez des hydratants lumineux qui vous apporteront de la fraîcheur.
- Posez toujours une **base de maquillage** qui comblera les micro-rides.
- Sélectionnez un **fond de teint** adapté à votre couleur de peau. Choisissez-le à base d'eau ; il aura une texture plus légère. Évitez les fonds de teint en poudre, matifiants ou longue tenue qui peuvent donner un effet pâteux.
- Si vous avez des **rides autour des lèvres** : appliquez un « primeur » sur et autour de vos lèvres avant de mettre votre gloss ou rouge à lèvres.
- Si vous avez des **rides autour des yeux**, appliquez de l'anti-cernes fluide, par petites touches, et évitez les anti-cernes épais. Vous pouvez aussi en mettre sur les rides d'expression (qui vont du côté du nez à la bouche).
- Sur vos paupières, misez sur des **fards crème** qui se fixent et qui ne soient pas gras.
- Utilisez avec parcimonie les **fards pailletés et nacrés** qui reflètent la lumière et accentuent les rides.

CAROLE, 40 ans

Carole est une Marseillaise de 40 ans qui se prépare à changer de travail. Comme elle doit passer des entretiens d'embauche, elle désire se présenter à son avantage mais aussi montrer qui elle est vraiment : une femme communicative qui dégage la joie de vivre. Or, si elle aime se maquiller, choisir des vêtements est une corvée. Adepte des achats sur Internet, elle achète quasiment tous ses habits en grande taille sur des sites américains, et ne connaît même pas sa taille réelle... Cette femme du Sud a une morphologie « A » typique, avec des épaules étroites, mais des hanches larges et des cuisses rondes.

"Je suis désespérée. Je n'arrive même plus à m'habiller car je n'aime pas regarder les tailles. J'achète du XXL pour éviter de me poser des questions. Ce relooking tombe à pic car je suis dans un moment de transition professionnelle. J'ai envie de projeter une image moderne et dynamique. Je voudrais me retrouver... J'ai l'impression que, comme pour beaucoup de femmes rondes, mon image est en décalage avec ma vraie personnalité."

LE DIAGNOSTIC DE CRISTINA

Carole s'habille comme un « oignon » : elle superpose des couches (sombres) pour que personne ne la voie. C'est dommage car elle ne fait pas du tout son âge et pourrait se permettre plus de fantaisie. Elle est un « A » grande taille avec une forte poitrine et une culotte de cheval. Mais des robes colorées ou des tuniques avec des pantalons évasés lui donnerait un style plus gai et plus jeune. Carole a besoin d'un sacré coup de projecteur !

"Il faut arrêter le style XXL à gogo !"

Avant

Les **cheveux longs**, **sans éclat**, ne mettent pas en valeur la finesse de son visage et tassent sa silhouette.

Les robes **sans manches** ne sont pas idéales quand on a des bras ronds !

La **robe longue** et **informe** fait « sac » et masque des jolies chevilles fines.

40 ans
1,62 m
Taille :
48 en haut
50 en bas
Morpho : A

— PETITE SORTIE EN VILLE —

“ C’est possible de porter des pantalons quand on est un « A » grande taille. L’astuce c’est de mettre des hauts fluides et longs qui masquent le volume des hanches et des cuisses. Voici une tenue « smart » et décontractée. ”

LE LOOK CRISTINA EN VILLE

La tunique blanche et fluide ne marque pas les poignées d’amour et elle est suffisamment longue pour dissimuler la culotte de cheval.

La veste épaulée équilibre la carrure, plus étroite que les hanches. Elle est légèrement cintrée pour affiner la silhouette.
Pour éclairer son teint, « olivâtre », Carole doit privilégier les couleurs chaudes telles que le rouge, le fuchsia, le bordeaux et le doré.

À retenir

La couleur et le blanc doivent se porter là où on veut attirer le regard et les couleurs sombres et mates là où sont les rondeurs.

Les chaussures rouges à talons élancent la silhouette. Les accessoires (collier et sac) complètent ce look décontracté avec une touche de couleur et de féminité.

Après
Carole : *Cristina, cette tenue, c'est moi !*

— ENTRETIEN D'EMBAUCHE —

« Quand on est ronde, il faut rester sobre dans les coupes et dans les tissus. Pour les femmes de morphologie « A », cela veut dire : robe trapèze et tissus mats pour ne pas augmenter le volume. L'originalité apparaît dans le mélange de couleurs, le choix des accessoires... »

LE LOOK CRISTINA EMBAUCHE

La robe trapèze dans un tissu fluide et mat ne marque pas ses hanches. Elle arrive au-dessus des genoux pour révéler les belles jambes de Carole.

Les collants opaques violets se marient très bien avec le jaune moutarde, couleur chaude.

Attention ! Ce type de col, bénitier, ne va pas à tout le monde car il augmente le volume autour du cou. Carole peut le porter car elle a un cou et un visage fins. Pour celles qui ont un cou épais ou quasiment pas de cou, évitez tout ce qui le couvre et qui aura tendance à le raccourcir : cols roulés, cols cheminée, ras de cou...

Les chaussures à pois et à semelles compensées, très à la mode, apportent la touche d'originalité à la tenue.

Après

— SEXY LADY ! —

« En imaginant cette tenue, j'ai voulu montrer à Carole qu'il n'est pas nécessaire d'en faire des tonnes pour être sexy. Une belle robe fluide dans la couleur qui lui va et le tour est joué ! »

LE LOOK CRISTINA SEXY LADY

La robe, évasée vers le bas, est dans un tissu fluide qui a un magnifique tombé.
Les manches longues dissimulent les bras.

Le fuchsia est LA couleur qui sublime le teint de Carole.

On ajoute une note « sport chic » en décalage avec la tenue « glam » par le port d'un gros sac en cuir et peau de mouton.

Les chaussures à bouts ronds et à talons hauts sont assez décolletées pour allonger les jambes.
À retenir : pour ne pas alourdir leurs jambes, les rondes doivent éviter les chaussures qui enveloppent trop la cheville, de même que les bottines basses.

Après
Cristina : *C'est très sensuel un décolleté tombant qui découvre un peu les épaules.*

— COIFFURE —

« Les cheveux de Carole sont très fins et n'ont pas d'éclat. Ils ont besoin d'une bonne coupe et d'un soin profond ! Il faut redonner un peu de relief à la coiffure mais pas trop car Carole a un petit visage qui ne doit pas disparaître dans la masse. »

Avant

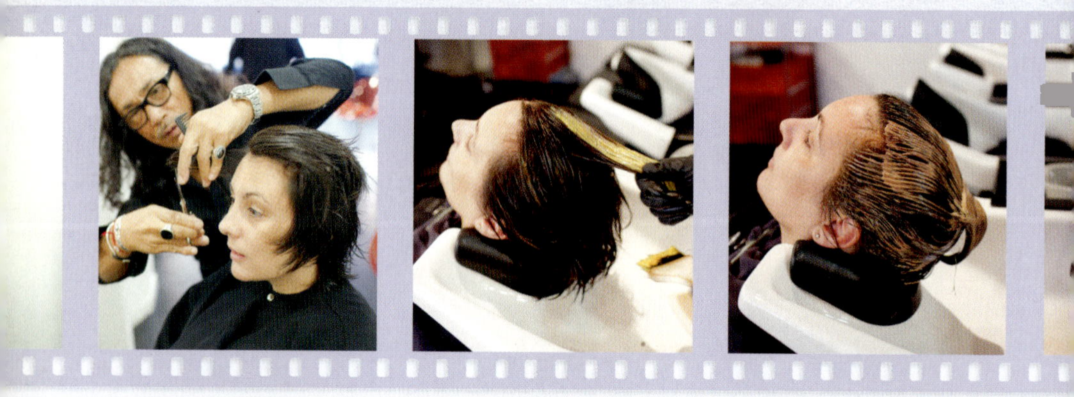

1 Comme la tête est petite, il faut **dégager un maximum le visage et le cou**. Les cheveux sont dégradés sur le côté ; on garde plus de longueur au niveau de la nuque pour équilibrer le profil. On conserve une mèche devant pour habiller le front.

2 On garde la couleur de base mais on apporte de la lumière à la chevelure en créant **quelques mèches** dans les tons cuivrés.

3 Un **soin** est appliqué pour redonner de l'éclat aux cheveux et les nourrir en profondeur.

Après

À retenir

Après une couleur ou un balayage, les cheveux ont besoin d'être lavés fréquemment sinon ils deviennent très fragiles. Trois fois par semaine, c'est l'idéal. Et n'oubliez pas de faire des masques au moins une fois par semaine pour les revitaliser.

Finis les cheveux ternes !

Très souvent des cheveux ternes sont des cheveux déshydratés... Voici donc quelques gestes simples qui redonneront de l'éclat à votre crinière.

- Évitez les **traitements agressifs**, tels que permanentes, colorations et lissages, qui attaquent les écailles du cheveu.
- Rincez abondamment vos cheveux en terminant toujours par un **jet d'eau froide**. Cela resserrera les écailles et donnera de la brillance.
- Les gélules de **levure de bière** sont aussi utiles pour renforcer pour la brillance.
- Il existe aussi une recette de grand-mère très efficace : après le shampoing, appliquez un **jus de citron** ou du **vinaigre** dilués dans de l'eau, laissez reposer pendant cinq minutes puis rincez abondamment. Éclat garanti !
- Lavez vos cheveux avec des **shampoings hydratants** et faites un soin chaque semaine.
- Faites un **séchage** et un **brossage doux** pour ne pas abîmer vos cheveux.
- Si vous allez au soleil, redoublez d'attention pour vos cheveux en faisant des soins et en les vaporisant régulièrement avec un **spray solaire**.

— MAQUILLAGE —

« Carole a un regard « étonné » car ses sourcils sont trop épilés et ont un tracé trop arrondi. Il est tout à fait possible de corriger l'arc des sourcils avec le maquillage en attendant la repousse des poils. »

Avant

L'EXPERT M.A.C MAQUILLAGE

1 Quand on a un teint « olivâtre » comme Carole, il faut utiliser un **anti-cernes rosé** pour donner de l'éclat sous les yeux et dans les zones à corriger. Il faut aussi choisir **un blush rosé**.

2 Pour corriger l'arrondi trop marqué des sourcils, on **épaissit l'arc** en le rendant plus droit avec un crayon de la couleur des cils. Pour le maquillage du soir, on allonge aussi le sourcil vers l'extérieur.

3 Pour faire un **« smooky eye** on applique un fard noir sur la totalité de la paupière mobile avec un pinceau. Puis on estompe, toujours au pinceau, avec du fard gris anthracite. On termine avec du fard couleu chair sur le coin interne de la paupière pour éclaircir le regar puis on finit avec le mascara.

Après

À retenir

Pour réussir un « smooky eye » : on pose la couleur foncée sur le coin externe de la paupière mobile. Avec un pinceau, on dégrade le fard en allant de l'extérieur vers l'intérieur. On finit avec un point de lumière (fard clair) côté intérieur pour ouvrir le regard et sous les arcades sourcilières.

Comment corriger par le maquillage des sourcils mal épilés ?

Si vos sourcils sont trop épilés par exemple, la paupière paraît plus grande, l'œil est diminué et le regard perd en intensité… Vous avez alors un regard « étonné ».

Il existe quelques astuces qui suffisent à redessiner une belle ligne en attendant la repousse des poils.

- Pour repérer là où il faut **ajouter de la matière**, brossez vos sourcils vers le haut.
- Si **vos sourcils sont trop fins**, choisissez un crayon de la même couleur que vos sourcils (ou un ton plus foncé). Pour plus de précision, appliquez la couleur avec un pinceau biseauté et redessinez la ligne de vos sourcils.
- Si, comme Carole, le **sourcil est trop rond**, corrigez l'arrondi en le rendant plus droit. Travaillez sur la partie centrale du sourcil.
- Si la courbe des sourcils est **trop courte**, prolongez-la avec un pinceau biseauté en suivant son mouvement pour souligner votre regard de façon naturelle.
- Si les deux **sourcils sont trop espacés**, utilisez un pinceau-liner et étoffez la tête du sourcil en dessinant des traits fins.

BARBARA, 40 ans

Barbara a la quarantaine et elle est mère au foyer. Après avoir perdu plus de 20 kilos, elle désire apprivoiser son nouveau corps et se forger un style. Mais ce n'est pas facile car elle continue à s'habiller avec les mêmes habits qu'autrefois. Larges et sombres, ils confèrent un style trop austère et fade à cette femme du Sud qui compte parmi ses atouts une belle poitrine, une jolie peau dorée et des chevilles assez fines.

"Je m'habille toujours de la même façon : c'est-à-dire en noir et en pantalon, de temps en temps avec un jean. Je ne mets jamais de talons… J'ai l'impression d'être constamment en mode « maman au foyer » et je voudrais changer. J'aimerais sortir un peu des trucs classiques et oser porter des couleurs."

"Tu dois rayonner !"

LE DIAGNOSTIC DE CRISTINA

Barbara, c'est un « grand A » avec une taille peu marquée. Elle doit privilégier les jupes évasées, les robes trapèze et les pantalons à la coupe « bootcut », donc tout ce qui va rééquilibrer sa silhouette.

Exit les slims, les matières brillantes ou les couleurs claires dans la partie basse du corps qui vont la grossir.

Son bassin étant assez large, les vestes doivent lui couvrir les hanches et être légèrement cintrées. Je lui déconseille en revanche de mettre des ceintures qui attireraient le regard vers son ventre.

Je veux mettre en avant son visage et la couleur dorée de sa peau. Il faut tout simplement qu'on pense au soleil en la regardant !

Avant

Les **cheveux**, trop effilés et mal colorés, font ressortir la mâchoire et le double menton.

La **couleur du haut** n'est pas un cadeau pour le teint et la poitrine mérite mieux comme encolure !

Le **top** qui s'arrête juste sur les hanches rétrécit sa silhouette.

40 ans
1,62 m
Taille :
52 en haut
54 en bas
Morpho : A

Un pantalon noir, pourquoi pas, mais surtout pas dans un **tissu brillant** qui augmente le volume des cuisses.

Les **chaussures à bout pointu** n'avantagent pas ses jambes rondes.

— C'EST LE « STYLE » ! —

« Barbara passe beaucoup de temps chez elle, notamment pour s'occuper de ses enfants, mais ce n'est pas une raison pour se négliger ! La tenue que je lui ai présentée allie confort et élégance. »

LE LOOK CRISTINA « STYLE »

La coupe ample de la tunique est idéale pour masquer la rondeur des hanches et du ventre. Avec une telle poitrine, pas d'hésitation, on ose le décolleté en « V » et le gros collier doré. Le caramel, couleur chaude, va à merveille aux femmes qui ont le teint doré comme Barbara. L'attention est attirée sur sa belle peau satinée.

Le jean droit, brut, affine ses jambes.
À retenir : les femmes qui ont des jambes épaisses doivent privilégier les matières foncées et mates sur la partie inférieure de la silhouette.

Très tendance, les chaussures « python » au bout arrondi s'harmonisent avec la tunique et allongent la silhouette.

Après
Cristina :
Tu es rayonnante !

— UNE VIRÉE À PARIS ! —

« La règle d'or de la vraie élégance, c'est de décaler les styles. Ici la saharienne kaki vient « casser » le classicisme de la robe noire. Pour un « sans faute » : il faut toujours marier un habit décontracté avec une pièce sophistiquée. »

LE LOOK CRISTINA VIRÉE À PARIS

La saharienne, grâce à ses épaulettes, structure la carrure et rétablit l'équilibre épaules-hanches. Flatteur pour son teint, le vert kaki fait ressortir la couleur miel de ses yeux.

Pour ne pas souligner les mollets, j'ai opté pour un collant opaque et des escarpins décolletés. Le sac apporte une touche « sport chic » à l'ensemble.

Quand on a des hanches généreuses, l'idéal c'est la robe ou la jupe évasée. Mais ici, Barbara peut porter une robe droite car ses hanches sont masquées par la veste. On dégage son cou pour mettre en valeur sa poitrine.

Après

— CHIC ET GLAM ! —

« Les couleurs profondes sont les couleurs de Barbara et pour ce look du soir, j'ai voulu lui montrer comment le bleu électrique illumine son teint. La tenue monochrome allonge et amincit sa silhouette. »

LE LOOK CRISTINA CHIC ET GLAM !

Le tissu mat et sombre de la jupe droite en jean brut diminue visuellement le volume des hanches. Conformément à la règle habituelle, on a réservé le tissu brillant au buste, là où Barbara est plus fine.

La poitrine est sublimée par ce décolleté en « V » avec bordure en dentelle. La rondeur des bras et des hanches est masquée par la chemise.

On a négligemment noué une écharpe autour du sac pour agrémenter le style. Pour ne pas charger la tenue, Barbara ne porte qu'un bracelet rouge. Chic !

Après

— COIFFURE —

« C'est visiblement un apprenti qui a coupé les cheveux de Barbara ! Il faut que j'arrive à récupérer la coupe qui est trop effilée et la couleur qui a été faite sans aucune finesse... Dommage car un joli carré blond lui aurait sied à merveille. »

L'EXPERT MASSATO COIFFURE

Avant

1 On doit **couper court** pour rattraper la couleur qui est vraiment catastrophique. Il faudra d'ailleurs apporter du volume au niveau de la nuque pour lui refaire un joli profil.

2 Une fois la coupe faite, on **unifie la teinte** de ses cheveux en appliquant sa couleur de base, le châtain clair.

3 La luminosité de la couleur est apportée par le **balayage**, ce qui met aussi en valeur la coupe.

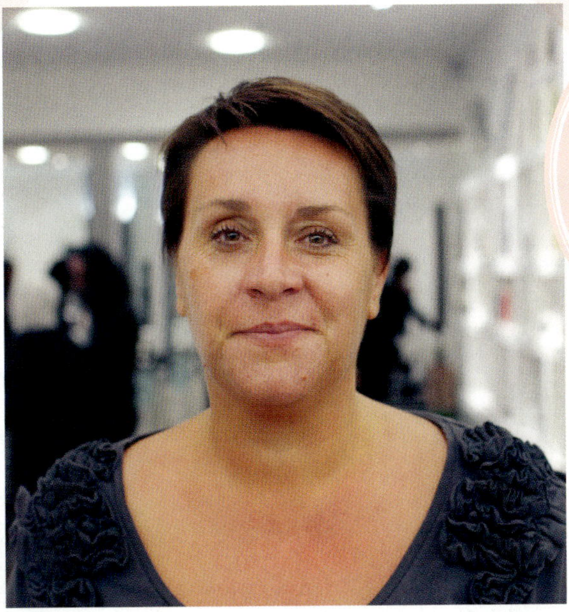

Après

À retenir

Si vous avez un double menton, évitez les coupes trop dégradées ou effilées qui le feraient ressortir.

Cristina : *On voit mieux ton ovale, tes tempes, tes pommettes…*

Comment déterminer la bonne couleur pour ses cheveux ?

La couleur de vos cheveux doit être la plus naturelle possible. Pour cela, restez proche de votre couleur de base (cheveux et sourcils), mais tenez compte aussi de votre carnation. Le but est de créer une harmonie entre votre chevelure, votre teint et vos yeux.

- Pour éviter les erreurs, **restez dans les nuances** de votre couleur de base.
- Par exemple, si **vous êtes brune**, vous pouvez soit foncer soit éclaircir votre brun.
- Si **vous êtes blonde**, faites des mèches blondes plus claires pour apporter de la luminosité à votre teint.
- Si vous avez des **tâches de rousseur** et des **yeux verts**, le blond vénitien ou le roux dont idéaux.
- Si vous voulez faire des **mèches**, privilégiez le ton sur ton en restant proche de la couleur de base. Évitez les contrastes car le résultat est trop artificiel.
- Contrairement aux idées reçues, vous pouvez avoir une **couleur foncée** même si vous avez plus de 50 ans. Cela dépend de la carnation !

— MAQUILLAGE —

“ Barbara a une peau grasse et sensible avec quelques petites rougeurs diffuses. Mais elle a une très belle qualité de teint, lumineux et halé avec des pores bien resserrés.Pour la tenue du soir, je vais lui faire des yeux charbonneux.”

Avant

L'EXPERT M.A.C MAQUILLAGE

1 On cache les rougeurs et les cernes avec de l'**anti-cernes**, puis on applique un **fond de teint à base d'eau**. Comme la peau est grasse, on « matifie » le teint avec une poudre de couleur neutre.

2 On fonce le regard en appliquant un **fard noir** sur la paupière supérieure qu'on estompe avec du **fard bleu nuit**.

3 On précise le maquillage en passant un **crayon khôl** bleu marine sur les ras des cils (inférieur et supérieur) puis on termine avec du mascara noir. La bouche reste « nude » et mate pour que le maquillage ne soit pas chargé.

Après

À retenir

Quand vous vous maquillez, il faut choisir sur quoi vous souhaitez attirer l'attention : soit sur les yeux, soit sur la bouche, mais pas sur les deux. Si vous faites des yeux charbonneux, la bouche doit être dans une teinte naturelle. Mais si vous avez envie de lèvres rouges, ne maquillez pas trop les yeux.

La trousse de base de maquillage

Voici une liste de produits pour être toujours au top !

- Un **hydratant** adapté à votre type de peau.
- Un hydratant **contour des yeux**.
- Un **fond de teint** adapté à votre carnation (rosé si elle est blanc-rose, beige si elle est mate).
- Un **anti-cernes** légèrement plus clair que le fond de teint pour la touche éclat.
- De la **poudre libre** très fine et sans talc.
- Du **blush** « bonne mine » dans des teintes pêche, rose ou abricot.
- Du **mascara** noir (ou brun foncé si vous avez les cils clairs).
- Un **crayon pour les yeux** (noir ou brun foncé).
- Une **palette de fards à paupière**. Vous avez besoin de 4 couleurs : un beige lumineux, du brun chocolat et deux autres couleurs selon la couleur de vos yeux. Si vous avez les yeux verts, privilégiez le prune et le violine, si vous avez des yeux bleus, le bronze doré et le chocolat. Les yeux noirs peuvent se permettre presque toutes les couleurs.
- Un **gloss** transparent.
- Un **crayon pour les lèvres** et un **rouge à lèvres** de la même couleur.

Attention : il est interdit d'utiliser les fards à paupière aux couleurs criardes (vert émeraude, bleu turquoise ou encore rose « Barbie ») !

AMANDINE, 19 ans

Amandine, 19 ans, est une jeune étudiante en publicité. Elle a une morphologie en « 8 », c'est-à-dire que ses épaules et ses hanches sont dans le même alignement et que sa taille est marquée. Mais comme beaucoup de rondes, elle se cache avec des tenues sombres et sans forme : gilets larges, robes et leggings noirs. Pétillante de vie, elle souhaiterait pourtant porter des vêtements plus en rapport avec sa personnalité, avec plus de fantaisie et de couleurs. Elle a une poitrine généreuse, mais elle ne sait pas comment la mettre en valeur.

« Je viens d'avoir 19 ans, mais pour m'habiller, c'est toujours assez compliqué. J'aimerais porter des vêtements de styles plus variés, mais étant ronde ce n'est pas facile... Je voudrais me débarrasser de mes tenues informes et m'habiller de façon plus féminine. Je m'apprête à travailler dans la pub, un monde où l'image compte, mais je n'arrive à trouver pas mon propre style ! »

« Tu es une ronde 8 ! »

LE DIAGNOSTIC DE CRISTINA

Quand j'ai vu Amandine, je l'ai tout de suite adorée. Mignonne, souriante, gracieuse, j'ai immédiatement vu son énorme potentiel.

Elle est un « 8 » pulpeux, c'est-à-dire qu'elle a une taille fine en étant tout en rondeurs. C'est une silhouette très féminine. Mais Amandine est timide et ne sait pas se mettre en valeur.

Par ailleurs, son soutien-gorge est mal adapté à sa poitrine.

Ses sourcils sont trop épilés.

Et son balayage est une vraie catastrophe ! Les mèches ont tourné au blanc cendré et maintenant ses cheveux sont complètement déshydratés et ternes. Comme un paillasson !

Avant

Les **sourcils** sont trop épilés. Il faudra les corriger avec du maquillage.

Les **cheveux**, maltraités par une coloration agressive, ont perdu leur texture et leur éclat.

Le **soutien-gorge**, mal adapté, ne maintient pas la poitrine généreuse.

19 ans
1,67 m
Taille : 46
Morpho : 8

La **robe Empire** ne met pas en valeur sa taille fine.

Les **mocassins** manquent totalement d'élégance et « mémérisent » la jeune fille.

— JE SORS AVEC MES COPINES —

« Les cheveux, surtout quand ils sont longs, sont comme des accessoires : on peut changer facilement de coiffure… et donc de style. Un brushing suffit à donner à Amandine un tout autre look ! »

LE LOOK CRISTINA AVEC MES COPINES

Pas de doute, cette robe fluide aux rayures orange et jaune convient au teint d'Amandine.
Mais attention, les rayures horizontales sont à porter avec précaution car elles ont tendance à alourdir la silhouette.
Ici, on a évité le piège en ajoutant la veste monochrome.

La robe est évasée et le col rond. Quand on a une poitrine généreuse, il faut éviter les décolletés en « V » plongeants. Optez plutôt pour des décolletés ronds ou carrés.

Astuce

Pour pouvoir se permettre de porter des rayures ou des imprimés quand on est ronde, il faut toujours mettre par dessus une couleur assez neutre et unie (blanc, gris, noir, bleu marine). Cela permet d'amincir la silhouette.

Après
Au Verre
Bordeaux, Jura
Champagne,
PELFORTH
Aujourd'hui : (MARDI)
Dessert du jour :
Panacotta - 4e
Café gourmand - 6e
Croque
Hot-dog

— LOOK : JE VAIS À LA FAC ! —

« J'ai composé un look décontracté et actuel pour Amandine. J'ai surtout voulu structurer ses épaules avec une veste en cuir. »

LE LOOK CRISTINA JE VAIS À LA FAC

La petite veste en cuir est un basique dans la garde-robe d'une femme : elle apporte une note moderne et urbaine à une tenue.

La jupe en jean est très légèrement évasée. Les matières mates et rigides comme le jean sont à privilégier dans le bas du corps parce que les matières brillantes grossissent.

Les chaussures ont des talons épais. C'est LE type de talon qu'il faut porter quand on est ronde.

Les accessoires doivent être assez volumineux quand on est ronde. C'est une question d'harmonie générale. D'où le choix d'un sautoir et de gros bracelets.

Après

— LOOK : « 100% SÉDUCTION » —

“ Il est très facile de construire un look sophistiqué à partir de quelques pièces de base. Ainsi, pour cette tenue plus habillée, on a gardé la veste blanche et le collant bleu de la tenue précédente mais on les a associés avec une robe plus chic avec un col bénitier. ”

LE LOOK CRISTINA SÉDUCTION

Amandine a des chevilles suffisamment fines pour porter un collant sans pieds, mais mat.
Mais attention ! C'est vraiment à éviter si vous avez des chevilles fortes ! Dans ce cas, mettez des collants classiques opaques.
Les sandales à talons mettent également en valeur les chevilles fines. On a toutefois évité les brides autour de la cheville qui auraient épaissi la jambe.

Comme Amandine a une taille marquée et fine, on ne résiste pas à la mettre en valeur avec une ceinture style « obi ».

On dégage sa poitrine avec un décolleté fluide.
À retenir : proscrire tout ce qui est moulant quand on a une poitrine généreuse.

Après

— COIFFURE —

« Les mèches d'Amandine sont trop contrastées et ne mettent pas son teint en valeur. Par ailleurs, ses cheveux ont besoin d'être réhydratés en profondeur. »

Avant

1 Pour casser une couleur trop contrastée sur une base brune, il est nécessaire de **dénoircir la base** et de **foncer les mèches**.

2 On garde la longueur et on fait un dégradé pour avoir un **beau volume**. On crée également une raie sur le côté pour moderniser la coupe.

3 On finit par un **soin hydratant** pour redonner souplesse et brillance à la chevelure.

Après

À retenir

On peut apporter de la lumière à des cheveux sombres, mais à condition de rester proche de leur couleur naturelle.

Comment retrouver une couleur naturelle après une coloration ratée ?

Si par exemple comme Amandine, vous avez une base brune et que l'on vous a fait une coloration trop contrastée (base foncée et mèches blondes), pas de panique, il est possible de retrouver une couleur naturelle à condition d'allez chez un coiffeur digne de ce nom. Voici une description de ce qu'il fera.

- Une **coupe** sera indispensable, car les cheveux ont été abîmés par une coloration trop agressive.
- **Appliquer une couleur**, celle de votre base, sur toute la chevelure.
- Le résultat sera **plus naturel**, avec des reflets ton sur ton : les mèches plus claires devenants plus foncées. Et pour celles qui ont des cheveux blancs, ils seront recouverts.
- Appliquer un **lait de brushing** pour donner de la brillance et pour éviter l'effet mousseux.

À retenir

- Pas de balayage avec du papier aluminium ! L'effet sera trop artificiel et, si vous faites un balayage blond, par exemple, la couleur sera « métallique ». Les bonnes techniques se font avec du **papier transparent** ou à **l'air libre**.
- **Entretenez votre couleur** régulièrement, une fois pas mois, pour que le blond ne tourne pas au jaune.
- Utilisez un **shampoing spécifique** pour les cheveux colorés. Et faites un soin après chaque shampoing.
- **Hydratez** au moins une fois par semaine vos cheveux colorés.

— MAQUILLAGE —

“ Amandine a une peau mixte et grasse. Il faut donc l’hydrater mais également la « matifier » pour qu’elle ne soit pas trop brillante. ”

L’EXPERT M.A.C MAQUILLAGE

Avant

1 Avant de commencer le maquillage, on applique un **soin traitant pour peaux grasses** sur la zone « T », c’est-à-dire le front, le nez et le menton.

2 Pour éviter que la peau ne brille, on utilise ensuite un **fond de teint matifiant**. Le résultat : de l’éclat sans brillance.

3 Avec un **pinceau** et du **fard**, on donne du corps au sourcil clairsemé en le dessinant de l’intérieur à l’extérieur et en redessinant la courbe. Du mascara et une touche de gloss terminent le maquillage.

Après

À retenir

On pense souvent qu'il ne faut pas hydrater une peau grasse, mais c'est une erreur ! En revanche, pour éviter qu'elle soit très vite « luisante », c'est le sébum qu'il faut apprendre à contrôler.

Quels sont les bons reflexes à avoir dès le plus jeune âge pour préserver la peau de son visage ?

Suivez l'adage « mieux prévenir que guérir » !

- **Hydratez la peau** deux fois par jour respectivement avec une crème de jour et une crème du soir adaptées à votre type de peau.
- **Démaquillez-vous** systématiquement avant de vous coucher soit avec de l'eau micellaire (mélange d'eau et d'huile qui nettoie la peau en profondeur sans l'agresser), un lait démaquillant ou une lotion démaquillante. Rincez avec un savon spécifique pour le visage. La peau a besoin de « récupérer » pendant la nuit.
- Adoptez un **contour des yeux** hydratant à la caféine : celle-ci permet de regonfler et de décongestionner le contour de l'œil.
- Ne négligez pas les lèvres : des crevasses (ou d'autres plaies) peuvent laisser des cicatrices qui ne partiront plus. Ayez donc toujours sur vous un **baume hydratant** avec une protection anti-UV SPF 15.
- Pour conserver une peau fine et saine, faites un **gommage** en moyenne une fois par semaine.
- Faites aussi un **masque** adapté à votre type de peau une fois par semaine.

FRÉDÉRIQUE, 45 ans

Frédérique, 45 ans, est une attachée de presse qui travaille à Paris. Souvent habillée de façon très stricte pour voir ses clients ou totalement décontractée dans la vie de tous les jours, elle peine à trouver un style qui lui convienne. C'est une grande femme (1,75 m) qui a une morphologie en « H », c'est-à-dire que ses épaules sont dans le même alignement que ses hanches et qu'elle n'a pas de taille. Ses atouts : des jambes élancées, sans culotte de cheval, et un teint très frais.

"J'ai perdu 15 kg et aujourd'hui je me retrouve devant une penderie où tous les vêtements sont trop grands. Je ne sais plus du tout quoi me mettre ! Je suis aussi déboussolée vis-à-vis de la mode. J'adore le style masculin-féminin, mais je ne sais pas vraiment le composer, ni même s'il me va ! Je voudrais revoir mon image parce que je suis en train de créer mon activité en tant qu'attachée de presse indépendante."

LE DIAGNOSTIC DE CRISTINA

La tenue et la coupe de Frédérique ne lui vont pas du tout.
Comme elle a perdu beaucoup de poids, elle ne sait plus du tout comment se mettre en valeur... C'est le cas typique d'une femme qui a besoin d'un « placard police », c'est-à-dire d'un sacré tri de sa garde-robe.
Faits sans conviction, ses choix vestimentaires la vieillissent et ne mettent pas du tout en valeur ses longues jambes bien dessinées. Elle n'a pas même de culotte de cheval !
Il faut vraiment la féminiser et la rajeunir.

"Ma chérie, réveille-toi!"

Avant

La **chevelure** fait « tignasse » car les boucles de cheveux ne sont plus formées.

Les **fronces** du tissu sur la poitrine en augmentent inutilement son volume.

La **coupe de la tunique** n'est pas adaptée à la morphologie de Frédérique : elle ne fait qu'attirer le regard sur le ventre.

Le jean noir « bootcut » est sans risque mais pourquoi cacher ses **chevilles** quand elles sont fines ?

45 ans
1,75 m
Taille : 50
Morpho : H

Les **baskets noires** sont tristement quelconques alors que c'est là qu'il faudrait oser la fantaisie.

— C'EST LE WEEK-END ! —

" Quand on est un « H » large comme Frédérique, la clé pour un look réussi c'est de tout miser sur la fluidité des matières et d'éviter les coupes trop structurées. "

LE LOOK CRISTINA WEEK-END

Des lunettes peuvent aussi vous relooker ! Une monture carrée est idéale pour le large visage de Frédérique. Elle aide à mieux encadrer son regard. Notez qu'elle arrive au niveau des sourcils et ne les masque pas. Côté matière, on a choisi de l'acétate dans une couleur douce, le brun, pour ne pas durcir ses traits.

Comme Frédérique est grande, elle peut porter un long gilet. Sombre et mat, il affine sa silhouette. Le T-shirt long couvre ses hanches généreuses et masque son ventre.

Frédérique peut se permettre de porter un slim car elle a des jambes fines. On le retrousse pour dévoiler ses chevilles.

Rouges et bien décolletées, les chaussures apportent la touche de féminité. Plus une chaussure dégage le dessus du pied, plus elle est féminine. « Il faut qu'on voie la naissance des orteils ! »

Après

— ZEN AU TRAVAIL —

« Comme Frédérique a des clients dans le secteur de la « high tech », on peut lui proposer une tenue à la fois « working girl » et décontractée. Il faut rester le plus simple possible. »

LE LOOK CRISTINA AU TRAVAIL

La robe en jean est droite et intemporelle. On garde le long gilet noir par dessus pour diminuer le volume de la silhouette.

À retenir : quand on est « H » et ronde, on peut porter une ceinture taille basse à condition que le ventre soit maintenu par une gaine.

On n'ouvre pas trop le col car les décolletés profonds sont déconseillés quand on a une poitrine généreuse. Autre conseil : on n'ajoute ni foulard ni collier pour ne pas augmenter la carrure déjà assez imposante.

Les bottines « low boots » mettent en valeur la finesse des chevilles. Leur couleur réveille les tons sombres de l'ensemble. Le collant opaque bordeaux, assorti au sac, attire l'œil sur les jambes élancées.

Après

— GLAM ! —

« Il fallait tout de même montrer à Frédérique un look pour le soir avec quelque chose de plus apprêté ! C'est la robe qui crée l'effet. Vous remarquerez qu'on reste tout de même assez sobre au niveau des accessoires. C'est un des secrets pour être élégante. »

LE LOOK CRISTINA GLAM !

Si possible, pas de lunettes de vue pour le soir. Mais plutôt des lentilles pour révéler le regard.

Quant aux accessoires, ils se limitent à un large bracelet et un grand sac. Il n'est pas nécessaire d'en rajouter !

À retenir : quand on porte des imprimés, il faut éviter de charger le look avec beaucoup d'accessoires.

La robe fluide droite flatte sa silhouette et masque ses rondeurs. On ose une version courte pour dévoiler ses jolies jambes. L'imprimé couvre toute la robe et, du coup, le regard n'est attiré sur aucun point précis. Résultat ? La silhouette n'est pas épaissie malgré la brillance du tissu. Quant au col bateau, il dégage ses épaules et apporte ainsi une touche sexy.

Après

— COIFFURE —

« On doit dompter cette tignasse ! Il faut évidemment dégager le visage, mais pas trop pour ne pas mettre en avant la largeur de la carrure et du cou. »

Avant

1 On coupe les cheveux **à la hauteur des épaules**. Comme ils sont bouclés, on fait la coupe sur cheveux secs pour ne pas avoir de mauvaise surprise sur la longueur.

2 On revient à la **couleur naturelle** des cheveux de Frédérique, qui est un châtain clair. Puis, pour sublimer la coupe, on fait un **balayage** couleur miel.

3 On utilise le **séchoir muni d'un diffuseur** pour garder la souplesse des boucles.

Après

À retenir

Si vous avez un visage large et un cou épais, évitez les coupes trop courtes qui peuvent rapetisser votre silhouette.

Cristina : *Maintenant c'est du chic ma chérie !*

Comment épiler ses sourcils ?

Si vous avez des sourcils broussailleux ou trop fournis, voici quelques conseils pour les épiler.

- Tout d'abord, **n'utilisez que la pince à épiler** et respectez la ligne naturelle de vos sourcils.
- Épilez toujours vos sourcils en tirant le poil **vers le haut**, et non vers le bas.
- Commencez par épiler **entre les yeux**. Enlevez ce qui dépasse à l'extérieur et à l'intérieur des lignes en pointillés.

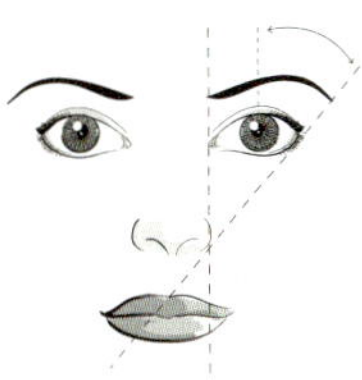

L'arrrondi doit être dans cette partie du sourcil.

- Travaillez le tracé de **l'arcade sourcilière**, en gardant plus d'épaisseur dans la partie intérieure et en affinant le sourcil vers l'extérieur. Mais attention ! Ne les affinez pas trop pour ne pas que votre regard « se perde ».
- Et **n'épilez pas la pointe de vos sourcils** sinon vous les rétrécirez !
- Terminez en **brossant vos sourcils** vers le haut et en les fixant grâce à un mascara « spécial sourcils » transparent.
- Il est normal d'avoir des rougeurs après l'épilation. Vous pouvez les camoufler avec une touche de **correcteur anti-cernes**.

— MAQUILLAGE —

« Frédérique a un teint uniforme et sans rougeurs. Mais sa peau est grasse, ce qui veut dire qu'elle brille souvent et que les pores du nez sont visibles. Il faudra donc s'attarder sur la peau pour cacher les petites imperfections et la « matifier ». »

1 On **hydrate** d'abord la peau avec une crème à base d'eau. Puis **on unifie le teint** avec un anti-cernes longue tenue mat que l'on applique sur le menton et sur les ailes du nez.

2 On appose ensuite **une crème pour combler les pores** (un « combleur »). Il faut l'appliquer au pinceau et en très petites quantités. On utilise un fond de teint en poudre, idéal pour les peaux grasses car il unifie et « matifie » la peau en même temps.

3 Après avoir mis un fard crème de couleur beige sur la paupière mobile, on **dessine le contour de l'œil**. Pour cela, on applique de l'eye-liner avec un pinceau biseauté en plusieurs touches, en allant de l'extérieur vers l'intérieur de l'œil.

Après

À retenir

Pour plus de précision, il faut appliquer l'eye-liner avec un pinceau biseauté. Choisissez un eye-liner crème plutôt que liquide car ce dernier sèche trop vite. Pour la pose, regardez droit devant vous. Il ne faut surtout pas tirer sur l'œil ni le fermer, si vous voulez que le trait soit impeccable.

Soin et maquillage des peaux grasses

Pour éviter la brillance qui est une des caractéristiques des peaux grasses, suivez les conseils suivants.

Soins

- Pour **diminuer l'excès de sébum**, nettoyez votre peau matin et soir avec un lait démaquillant ou, de préférence, avec une eau micellaire ; celle-ci comporte, parmi ses agents traitants, du zinc qui a des propriétés anti-inflammatoires.
- Comme n'importe quel type de peau, vous devez l'hydrater. L'idéal, c'est une **crème à base d'eau** ou une **crème matifiante** qui resserre les pores, régule la sécrétion de sébum et permet d'améliorer la tenue du maquillage.

Maquillage

- Si vous avez les pores dilatés, appliquez localement en tapotant une base lissante spécifique appelée **« combleur »**.
- Utilisez un **anti-cernes** pour cacher les éventuelles petites rougeurs.
- Choisissez un **fond de teint en poudre** car il permet à la fois d'unifier le teint et de « matifier » la peau.
- Misez sur du **maquillage minéral** : blush, fards, qui absorbent le sébum.
- Appliquez une **poudre matifiante**, sans excès, sur les zones du visage qui ont tendance à briller : front, nez et menton.

V

8

H

Les conseils de Cristina

s'habiller selon sa morphologie...

Quand on est ronde, il existe des astuces pour camoufler ses rondeurs, mais il faut avoir en tête les règles d'or : assumer ses formes et mettre en valeur ses atouts. Bon, mais il y a ronde et ronde ! Toutes n'ont pas la même morphologie et ne sont pas de « simples O »...

On rencontre ainsi des rondes avec une taille marquée qui ont les épaules dans le même alignement que les hanches (comme les « 8 »), des rondes qui ont des hanches plus larges que les épaules (les « A »), d'autres pour lesquelles c'est l'inverse (en « V ») et des rondes « droites » (dites « H ») Alors comment faire pour choisir ses tenues ?

Principes de base pour la silhouette O

Avant de rentrer dans les détails de chaque type de silhouette, il faut avoir en tête quelques principes de base pour transformer ses formes généreuses en atouts appétissants. Bien sûr, le noir et les couleurs sombres masquent les rondeurs. Mais ça ne doit pas devenir un uniforme ! Les « total look » monochromes (blanc, bleu, fuschia...), amincissent tout autant et vous rendent rayonnantes.

- De façon générale, **mettez l'accent sur le haut du corps** en osant les décolletés – pas trop plongeants si votre poitrine est forte, et les accessoires volumineux en harmonie avec vos rondeurs.

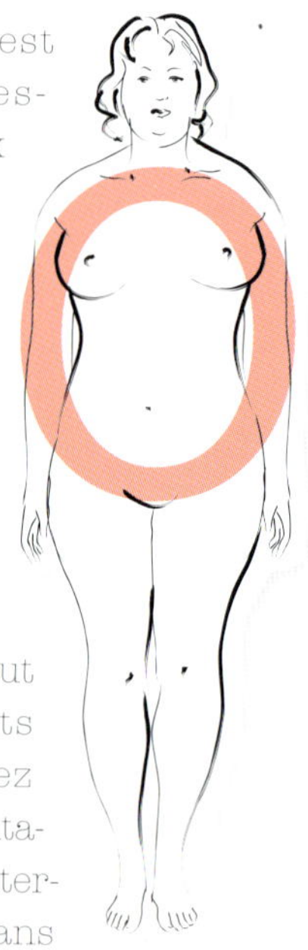

- Côté jupes et pantalons, misez sur des **formes épurées**, les **couleurs sombres** et les **tissus mats** qui demeurent une valeur sûre, tout comme les collants opaques. Choisissez par exemple des pantalons fluides, taille intermédiaire ou haute, sans poches ni pinces et des robes fluides, au tombé lourd...
- Portez des chaussures à **talons épais** et à **bouts arrondis** pour plus d'élan et d'allure.
- Faites aussi attention au **« trop large »** qui, contrairement aux idées reçues, ne masque rien mais épaissit. Portez des vêtements à votre taille : à bas le XXL à gogo !

Ronde et « 8 »

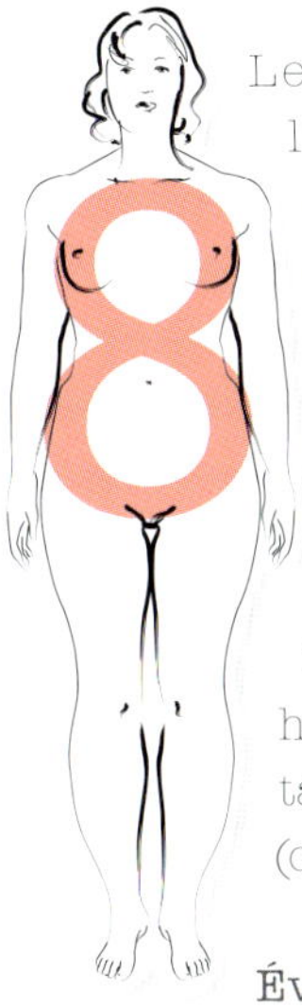

Les rondes « 8 » sont l'image même de la femme pulpeuse avec des épaules arrondies qui s'alignent avec des hanches généreuses et une taille marquée. Si vous n'avez pas beaucoup de ventre, il ne faut d'ailleurs pas hésiter à souligner votre taille avec des ceintures (ou des vestes cintrées).

Évitez

- Les jupes plissées ou larges, type jupon, qui épaississent les hanches et vous donnent l'air d'un abat-jour.
- Les coupes droites (vestes, robes) ou trop amples qui cachent vos formes et surtout votre taille.
- Les vestes très épaulées, les tuniques bouffantes et les pantalons très larges qui apportent de la matière là où il n'y en a pas besoin et qui risquent de déséquilibrer la silhouette.

Préférez

- Les tenues cintrées qui mettent votre taille et vos formes en valeur : robes, vestes et manteaux – que vous porterez néanmoins ouverts pour ne pas vous engoncer.
- Les jupes évasées ou droites (pour celles qui n'ont pas de culotte de cheval) qui englobent les hanches et les cuisses sans les mouler.
- Les étoffes fluides, au tombé lourd, qui se coulent dans les mouvements du corps.
- Si vous n'avez pas une poitrine trop généreuse ni trop de ventre, les formes cache-cœur pour les tops et les robes.
- Si vous n'avez pas beaucoup de ventre, soulignez votre taille avec une ceinture.

Ronde et « A »

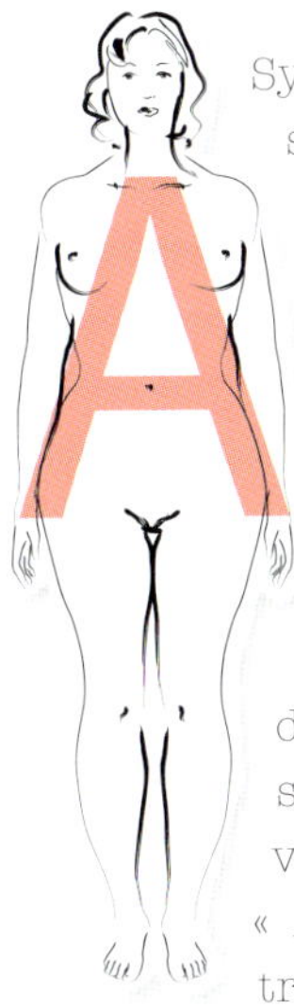

Symbole de fertilité, cette silhouette est l'une des morphologies féminines les plus partagées, avec une carrure plus étroite que les hanches, la silhouette s'élargissant de haut en bas, comme une pyramide. Si la taille de vos pantalons est supérieure à celle de vos vestes, alors vous êtes « A ». Vos rondeurs se trouvent donc dans le bas de votre corps (hanches, cuisses, fesses).

Évitez

- Les tops moulants portés avec un pantalon large.
- Les hauts qui s'arrêtent à l'endroit le plus large des hanches.
- Les pantalons à pinces et à poches latérales.
- Le « total look » trop moulant ou trop large.
- Les jupes plissées.

Préférez

- Focaliser l'attention sur le haut du corps, notamment en portant les couleurs près du visage.

- Les décolletés en « V » si vous n'avez pas une poitrine trop généreuse.
- Les décolletés « bateau » pour élargir les épaules.
- Les cols larges qui habillent les épaules.
- Les formes trapèze : robes ou jupes évasées qui masquent la largeur des hanches.
- Les pantalons légèrement évasés, qui ne moulent pas les hanches. Si possible coupés dans des tissus fluides au tombé lourd.
- Les vestes un peu épaulées pour harmoniser largeur des épaules et des hanches et équilibrer les rondeurs.
- Les vestes trois-quarts qui tombent sous les hanches, légèrement cintrées pour mettre en valeur le haut du corps.

Ronde et « V »

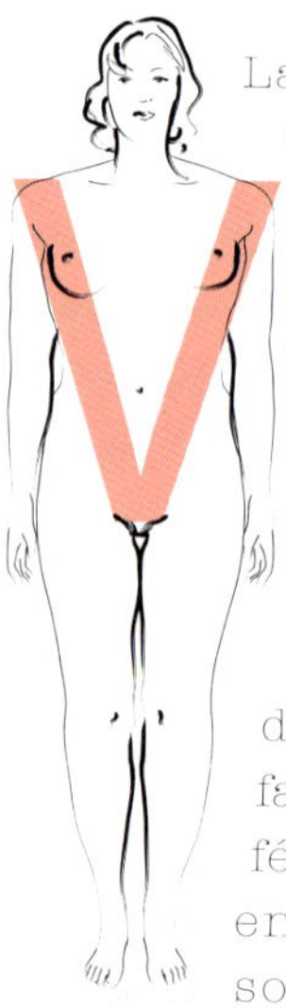

La femme ronde « V » a une carrure qui est plus large que ses hanches et souvent une poitrine généreuse. À l'inverse de la femme « A », la taille de ses vestes est supérieure à celle de ses pantalons. Cette morphologie a tendance à masculiniser. Il faut donc prendre soin à féminiser la silhouette, en portant des accessoires, des couleurs...

Évitez
- Les vestes épaulées qui accentuent le déséquilibre haut-bas.
- Les encolures « bateau », ainsi que les emmanchures américaines qui font ressortir la carrure.
- Les hauts moulants et courts qui focalisent les regards sur le buste et augmentent la carrure.
- Les capuches qui attirent l'attention sur les épaules.

Préférez
- Les jupes ou robes droites ou coupe « A » pour rééquilibrer épaules et hanches.
- Les manteaux forme trapèze (le paletot est idéal) pour féminiser.
- Les vestes à emmanchures raglan.
- Les tuniques fluides qui féminisent la silhouette et les gilets souples pour adoucir vos épaules.

Ronde et « H »

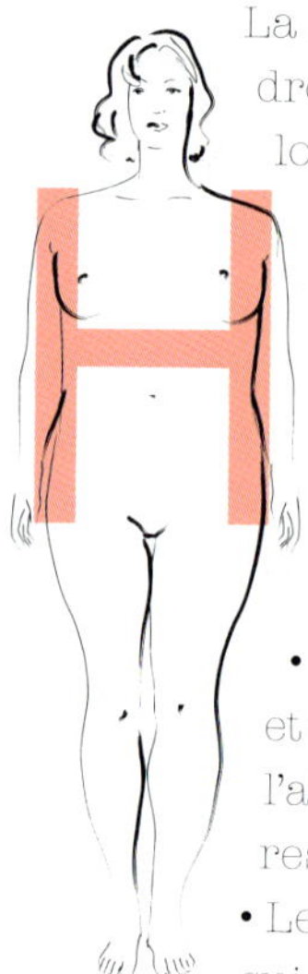

La femme ronde « H » est droite ! C'est une morphologie très répandue en France. Ses épaules et ses hanches sont dans le même alignement, la taille est très peu marquée.

Évitez
- Les formes cache-cœur et cintrées qui soulignent l'absence de taille et font ressortir le ventre.
- Les formes trop amples qui élargissent encore plus la silhouette.
- Les jupes évasées qui apportent du volume là où ce n'est pas nécessaire.
- Les ceintures autour de la taille qui soulignent son absence.

Préférez

- Les formes droites, près du corps, sans être moulantes : jupes et pantalons à taille intermédiaire.
- Si vous n'avez pas beaucoup de ventre ou de poitrine, les tuniques et les robes « taille Empire » qui mettent votre poitrine en valeur.
- Les jolis décolletés, plongeants si votre poitrine n'est pas généreuse.
- Les hauts fluides, près du corps, mais pas moulants.
- Les vestes légèrement cintrées qui donnent l'impression d'une taille – mais jamais fermées ! Les manteaux cintrés mais sans ceinture.

...et selon ses caractéristiques

Les rondeurs ne sont pas toujours réparties uniformément et parfois c'est un vrai casse-tête que de trouver les pièces qui vous vont. Voici quelques conseils qui vous permettront de faire votre shopping en toute sérénité !

Cou épais ou double menton

Évitez

- Les cols roulés et cheminée qui engoncent le visage.
- Les foulards noués court et les colliers ras-du-cou qui rendent votre cou encore plus épais.
- Les cheveux courts qui attirent le regard.

Préférez

- Les décolletés bateau, ronds ou en « V » en fonction de la taille de votre poitrine.
- Les longs sautoirs qui apportent de la verticalité et dégagent le port de tête.

Épaules larges

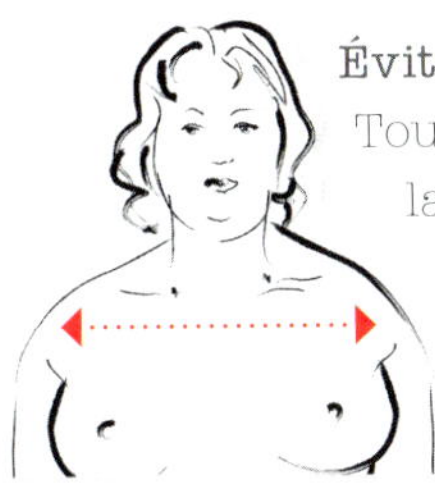

Évitez

Tout ce qui ajoute de la carrure :

- Les vestes structurées et épaulées (les épaulettes d'officier par exemple).
- L'écharpe autour du cou.
- Les grands cols et les cols roulés.
- Les manches bouffantes.

Préférez

- Les vestes trapèzes et les manches raglan qui équilibrent la silhouette.
- Les décolletés ronds, en « V » ou carrés (suivant le volume de votre poitrine) qui allègent la carrure.
- Les tops fluides.
- Les gilets.

Forte poitrine

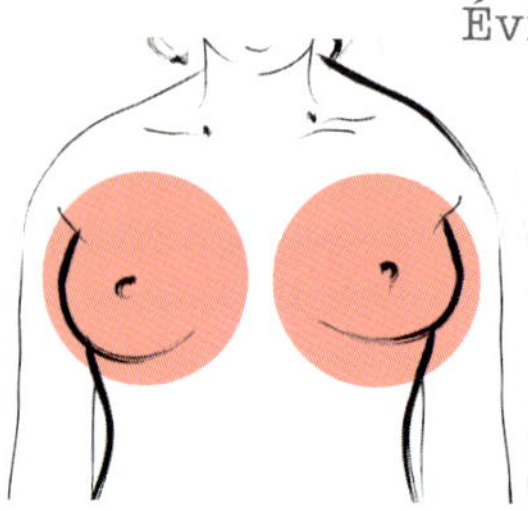

Évitez

- Les grands décolletés en « V » qui peuvent s'avérer désastreux.
- Les cols roulés qui marquent trop la poitrine.
- Les rayures horizontales qui augmentent le volume.
- Les blousons courts ou les vestes fermées qui écrasent la poitrine.
- Les vestes avec poches au niveau des seins, qui alourdissent.

Préférez

- Les décolletés carrés ou ronds dégagés qui mettent joliment la poitrine en valeur.
- Les tops fluides et légèrement décolletés qui tombent sur la poitrine sans la serrer.
- Et un soutien-gorge bien adapté à votre poitrine (voir *Comment choisir son soutien-gorge* p.166).

Bras ronds

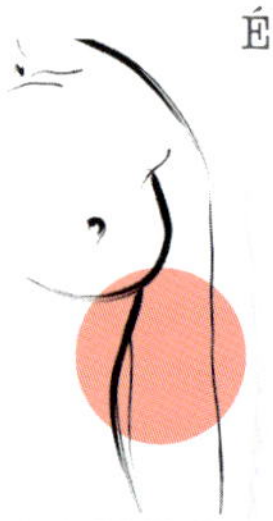

Évitez

- Les tops sans manches ou à manches courtes qui attirent l'attention sur vos bras.
- Les manches moulantes ou ballon qui soulignent la rondeur des bras.
- Les imprimés sur les manches qui attirent le regard et augmentent le volume.

Préférez

- Les manches trois-quarts fluides.
- Les manches évasées, un bon compromis entre le moulant et le large.
- Les couleurs unies.

Ventre rebondi

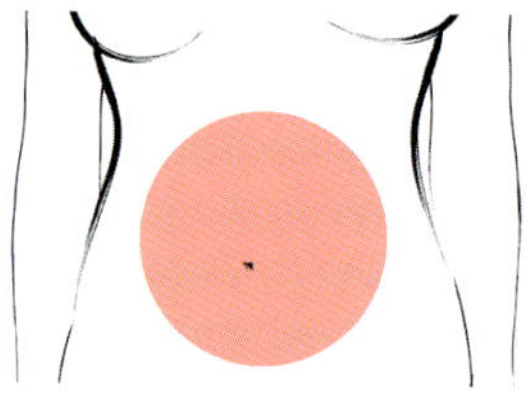

Évitez

- Tout ce qui moule votre ventre : slims, ceintures, pantalons à taille élastique…
- La superposition de hauts qui en fait rajoute des plis aux bourrelets.
- Les chemises à l'intérieur du pantalon et les petits tops courts qui coupent le buste et dévoilent le ventre.
- Les jeans à taille basse qui font ressortir les bourrelets.
- Les vestes fermées qui écrasent le ventre.
- Tout ce qui est plissé ou drapé autour de la taille.

Préférez

- Des tops fluides qui épousent vos formes sans pour autant les marquer.
- Les jeans à taille intermédiaire ou haute qui maintiennent votre ventre.
- La gaine est aussi un superbe allié ! (voir *Comment choisir son modèle de gaine* p.168).

Hanches larges

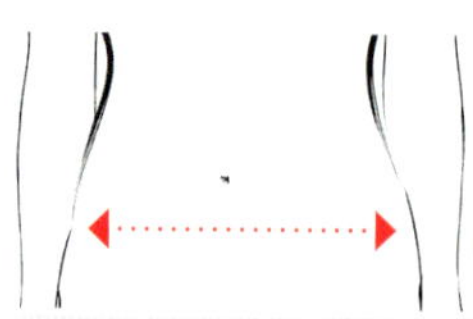

Évitez

- Les fronces, les plissés, les pinces ou encore les

poches latérales (type treillis).
- Les étoffes moulantes qui épousent la ligne du corps (slims ou pantalons cigarette).
- Les blousons courts qui font ressortir les hanches.

Privilégiez
- Les pantalons droits ou légèrement évasés vers le bas.
- Les formes trapèze (jupes, robes).

Culotte de cheval

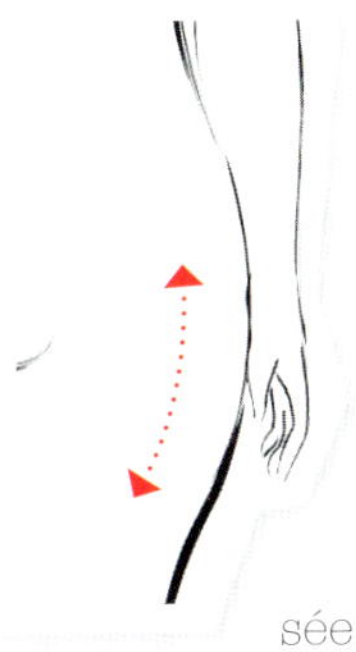

Évitez
- Les matières moulantes qui mettent l'accent sur cette rondeur indésirable.
- Le surplus d'étoffes qui l'exacerbe : jupes plissées, poches latérales…

Préférez
- Les pantalons à jambes évasées (type pantalon de marin) qui effacent la culotte de cheval.
- Les robes évasées qui masquent les formes trop rondes.

Cuisses rondes

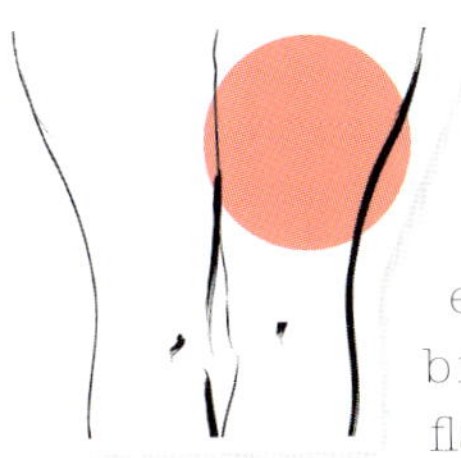

Évitez
- Les pantalons à gros motifs et à tissu brillant non flatteurs.
- Les pantalons à poches latérales, près du corps.
- Les mini-jupes qui font ressortir les cuisses.

Privilégiez
- Les jupes et robes fluides qui épousent le corps mais pas les rondeurs tout en révélant les jambes.
- Les pantalons droits ou légèrement évasés vers le bas qui amenuisent le volume des cuisses.

Genoux ronds

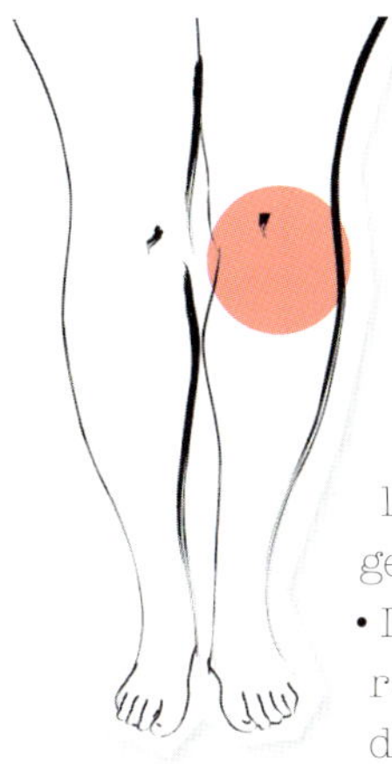

Évitez
- Les collants chair, fins ou à motifs qui attirent le regard.
- Les pantalons moulants qui font ressortir la rondeur des genoux.
- Les jupes qui s'arrêtent au milieu des genoux les faisant ressortir.

Préférez
- Les collants opaques (40 deniers minimum).
- Les jupes qui s'arrêtent au-dessus du genou, attirant l'attention sur l'ensemble de la jambe (avec un collant opaque bien sûr !) ou celles qui s'arrêtent juste au-dessous du genou, parfaites pour masquer cette zone.

Jambes épaisses

Évitez
- Les collants fins et clairs.
- Les boots ou bottines portés avec

une jupe ou un panta-court qui coupent la jambe et la grossissent.

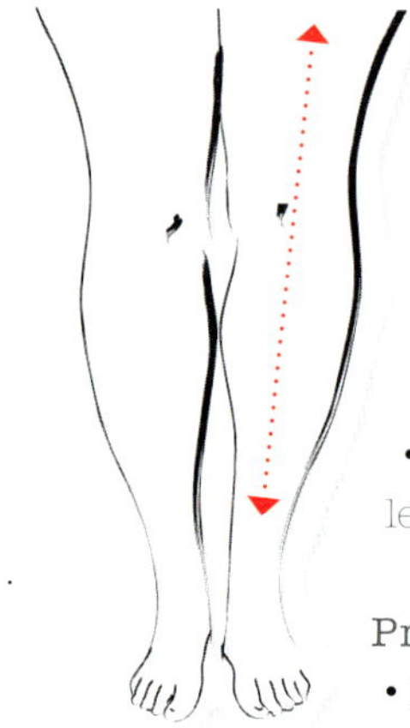

- Les escarpins à bouts pointus.
- Les leggings ou les slims.

Préférez

- Les collants sombres et opaques, pour allonger les jambes.
- Les chaussures à bouts ronds et à patins qui s'harmonisent avec la forme de la jambe.
- Les pantalons droits ou légèrement évasé dans le bas qui amincissent les jambes.

Mollets forts

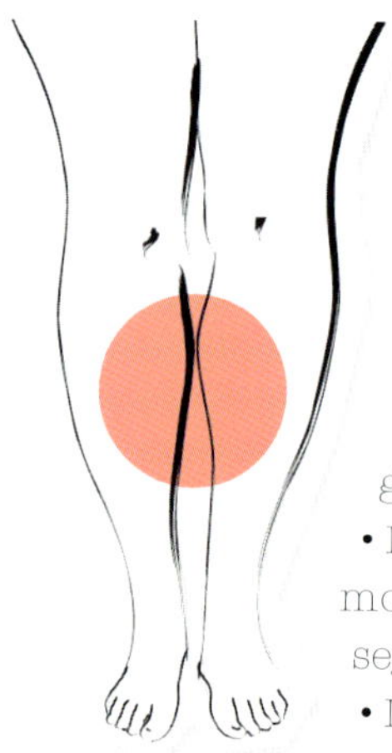

Évitez

- Les collants brillants ou à motifs qui grossissent
- Les jupes à mi-mollet qui coupent et soulignent le volume.
- Les leggings, moulants et peu seyants .
- Les pantacourts.

Préférez

- Les talons épais, les patins et les semelles compensées qui équilibrent la silhouette.
- Les bottes hautes et à talons qui allongent la jambe et camouflent les mollets.

Chevilles épaisses

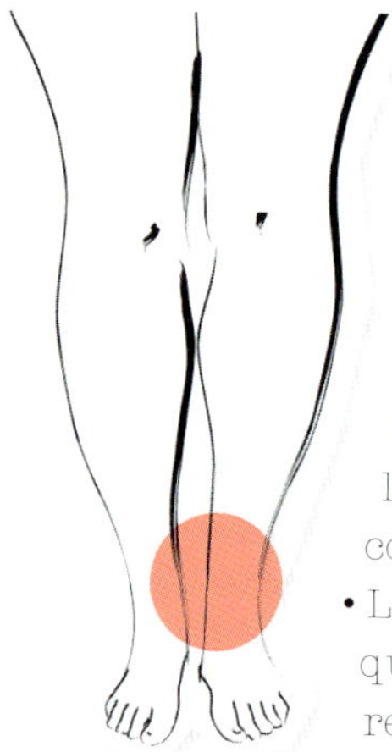

Évitez

- Les chaussures à brides qui saucissonnent la cheville ou trop montantes.
- Les boots ou les bottines qui coupent la jambe.
- Les pantacourts qui attirent le regard vers cette zone.

Préférez

- Les bottes hautes à talons qui masquent vos chevilles.
- Les chaussures compensées ou à patin qui harmonisent la silhouette de la jambe.
- Les chaussures décolletées qui affinent les chevilles.

Les basiques

Un basique c'est une valeur sûre, un intemporel que l'on peut accessoriser au fil des saisons ou personnaliser à son gré. Élégant et sobre, il ne se démode pas. Il faut le choisir de bonne qualité. Il coûte souvent plus cher que le dernier top à la mode et est rarement soldé. Mais c'est un investissement à long terme.

L'avis de Cristina

- Les basiques sont très importants pour composer vos looks. Sans basique, impossible d'avoir un **style vestimentaire** digne de ce nom.
- Chic, décontracté, fantaisie..., la femme moderne **mélange les genres** en fonction de ses envies ou des événements.
- Mais attention ! À part pour le tailleur-pantalon, les ensembles « mémérisent » ; il faut **dépareiller la tenue** pour créer une silhouette moderne.
- Bien sûr, ces basiques sont à choisir selon **votre morphologie**.

Les indispensables

- Pantalon noir, sans pinces ni poches latérales dans une matière noble. Si votre pantalon a des poches latérales, demandez qu'elles soient cousues en boutique.
- Jean bleu brut pour une tenue chic ou décontractée.
- Jupe noire.
- Petite robe noire simple.
- Tailleur-pantalon intemporel et de belle facture.
- Top fluide féminin (blouse, tunique...).
- Pull en maille pas moulante.
- Gilet fluide.
- Vestes cintrées classiques (notamment une noire, mais aussi en jean et dans d'autres couleurs unies).
- Veste ou blouson en cuir noir ou marron.
- Blouson en jean.
- Manteau trois-quarts de belle facture.
- Trench pour la mi-saison (que vous nouerez toujours à l'arrière pour ne pas augmenter le volume de votre silhouette).
- Ballerines ou chaussures plates à bouts légèrement arrondis qui passent partout (et bien échancrées).
- Sandales.
- Escarpins à talons épais, décolletés (noir, rouge, ...).
- Bottes hautes à talons.
- Baskets fines de ville (type Converse).

Les accessoires

- Grand sac.
- Jolie montre.
- Quelques bijoux fantaisie (mais attention à ne pas faire « sapin de Noël !).
- Foulard en soie.
- Écharpe.
- Belle étole.
- Gants en cuir.
- Lunettes de soleil.
- Collants opaques (voir *Choisir ses collants* p.169).

Choisir ses tissus

Quand vous êtes ronde, savoir quelles matières et couleurs vous vont, c'est déjà un grand pas. En effet, selon le tissu, les couleurs ou les motifs, certaines tenues vous permettront d'être à l'aise et élégantes alors que d'autres seront une vraie catastrophe !

Les différentes couleurs

On vous répète sans cesse que le noir amincit. C'est vrai, mais ce n'est pas une raison pour adopter un style quasi gothique et tristounet ! Il existe bien des couleurs et surtout des façons de les associer pour vous mettre en valeur !

Principes de base

• **Privilégiez le monochrome** (blanc, gris, bleu...) qui allonge et amincit. Et rehaussez votre tenue par des touches de couleur au niveau des accessoires : sacs, chaussures, bijoux...

• **Une tenue ne doit jamais comporter plus de trois couleurs** qui doivent appartenir à la même famille chromatique (voir schéma ci-contre), par exemple bleu, violet ou marine ou à un camaïeu, c'est-à-dire une association de couleurs très proches, comme le beige ou l'écru par exemple. Parmi ces trois couleurs, vous pouvez bien sûr utiliser une couleur flashy, mais une seule et près du visage, car elle attire le regard.

• Si vous optez pour une tenue à deux couleurs, surtout **évitez les contrastes** haut-bas et les couleurs flashy qui grossissent. Privilégiez les camaïeux qui allongent.

• Et n'oubliez pas que **« votre » couleur,** celle qui vous illumine votre teint, doit se porter près du visage.

À retenir

Sachez que « votre » couleur est censée faire ressortir la couleur de vos yeux, de vos cheveux et de votre teint. Dans le doute, retenez que la couleur de vos yeux est celle qui vous va le mieux.

Évitez

• Les couleurs claires là où vous avez vos rondeurs.

• Les imprimés à gros motifs et les rayures qui déforment la silhouette.

• Les imprimés à contraste (rouge et vert par exemple) qui vous tassent.

Préférez

• Côté jupes et pantalons, les couleurs sombres sont une valeur sûre.

• Si vous craquez pour les imprimés, préférez les petits motifs ton sur ton. Et mettez une veste ou un gilet unis par dessus, cela masque le volume.

• Les imprimés à pois, pour une raison mystérieuse, n'épaississent pas la silhouette. Surtout les petits – on ne les voit pas du tout !

Les matières

La règle d'or, quand on est ronde, c'est de choisir des **tissus fluides et mats**, qui vont suivre les mouvements du corps sans le mouler.

Évitez

• Les tissus brillants, moulants, qui grossissent (soie, satin...).
• Le plissé, le drapé, les volants, les froufrous, les fronces, tout ce qui donne du volume !
• Les tissus trop rigides et épais (taffetas, tweed...).
• Les mailles trop épaisses qui augmenteront votre volume ou trop fines qui révèleront vos bourrelets.
• Les matières stretch (comme le Lycra) qui soulignent le moindre grain de beauté et la cellulite.
• Les superpositions (quelles que soient les matières) qui épaississent la silhouette.
• Les collants brillants, chair, ou à imprimés, qui épaississent les jambes.

Préférez

• Les tissus mats qui amincissent.
• Le jean, mais brut et composé d'élasthanne.
• Les matières fluides au tombé lourd (comme le crêpe).
• Les collants sombres et opaques.

Le cercle chromatique

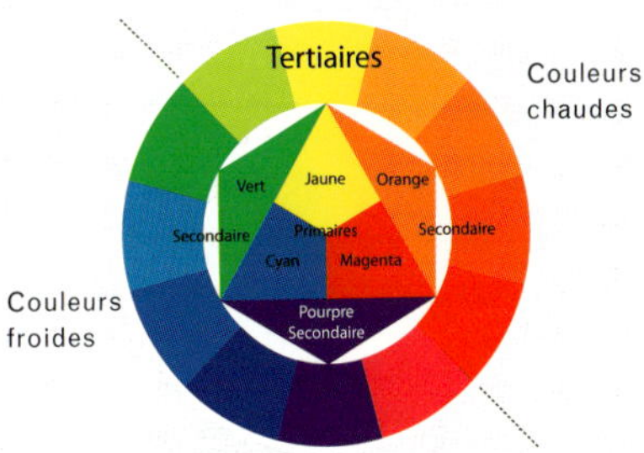

• **Couleurs chaudes** : ce sont des couleurs où le jaune et le rouge sont dominants .
• **Couleurs froides** : ce sont des couleurs où le bleu est dominant.

Remarques : le noir et le blanc ne sont pas considérés comme des couleurs. On peut donc les associer avec n'importe quelle couleur.
Le gris est une couleur neutre qui va avec toutes les autres.

Comment trouver « votre » couleur

• **Si vous êtes blonde aux yeux bleus ou verts avec le teint doré ou pêche,** ce sont les couleurs fraîches, pétillantes qui vous vont (le rose, le turquoise, le corail).
• **Si vous êtes blonde claire, avec le teint pâle rosé,** le pastel et les couleurs froides vous siéent.
• **Si vous êtes métisse ou brune au teint olivâtre avec les yeux marrons ou noisette,** privilégiez les couleurs chaudes. Interdit le pastel qui vous rend fade !
• **Si vous êtes brune au teint blanc ivoire ou asiatique,** les couleurs saturées (bleu dur, rouge rubis...) sont idéales pour vous.
• **Si vous êtes rousse au teint rosé,** les couleurs chaudes (notamment toutes les nuances de vert) vous vont à merveille.

Choisir son soutien-gorge...

D'abord, cassons un mythe, ce n'est pas parce qu'on est ronde que, forcément, on a un grand bonnet ! Comme nous l'avons vu, les femmes rondes peuvent aussi avoir un bonnet B. On traitera donc de tous les bonnets avec une attention particulière pour les poitrines généreuses.

Le balconnet

Le soutien-gorge sans armatures

Le push-up

Comment trouver la bonne taille de votre soutien-gorge ?

Tout d'abord, il est très important de déterminer votre catégorie de bonnet. Le maintien et le confort de votre poitrine en dépendent. Mesurez votre tour de poitrine sans écraser vos seins, ainsi que votre tour de buste (sous la poitrine). La différence entre les deux détermine la catégorie du bonnet.

Différence de bonnet

10 cm : bonnet **A**
15 cm : bonnet **B**
17,5 cm : bonnet **C**
20 cm : bonnet **D**
22,5 cm : bonnet **E**
25 cm : bonnet **F**
27,5 cm : bonnet **G**
30 cm : bonnet **H**

Le **tour de poitrine** donne la taille du soutien-gorge.

Par exemple : si votre tour de poitrine mesure **110 cm** et que votre tour de buste est de **90 cm**, la différence entre les deux est de **20 cm**. Votre taille de soutien-gorge est donc **110 D**.

Quel est le meilleur écrin pour vos seins ?

Si vous avez un bonnet moyen, B ou C :

• Le soutien-gorge sans armatures : c'est le plus confortable.

• **Le balconnet et la corbeille** : très décolletés, ils présentent une découpe arrondie. Ils dévoilent la naissance des seins, qu'ils maintiennent grâce à leurs armatures. Ils sont parfaits pour faire remonter les seins et les soutenir.
• **La brassière** : conçue pour maintenir les seins des sportives. Sans armatures, elle épouse et soutient la poitrine grâce à des larges bandes élastiques situées sous les bonnets et dans le dos.
• **Le bustier** : sans bretelles, il est parfait pour les tops bustiers.
• **Le push-up** : rembourré, il permet de rapprocher les seins et galbe la poitrine.

Si vous avez une poitrine généreuse – à partir du bonnet D –, il est très important de trouver des modèles adaptés qui éviteront de tirer sur le dos et maintiendront bien les seins.
• **La corbeille** : plus enveloppant que le balconnet et avec un placement des bretelles sur le haut du bonnet, c'est le modèle idéal pour ce type de poitrine. Privilégiez les modèles à armatures et qui ont des bretelles et un tour de poitrine larges. Les bretelles doivent faire minimum 2 cm d'épaisseur et la bande de tissu dans le dos, ainsi que l'attache, 4 ou 5 cm. Mais attention : pas de coussinets !
• **Le minimiseur** : plus emboîtant que la corbeille, il resserre la poitrine sans la comprimer.

Quel décolleté pour quelle poitrine ?
• Le **décolleté plongeant** est réservé aux bonnets moyens.
• Le **décolleté rond ou carré** sont parfaits pour les poitrines généreuses. En revanche un décolleté plongeant fait vite vulgaire.
Voir aussi *Les bonnes adresses* p.182.

La corbeille

Le minimiseur

À retenir

• Toujours dans un souci de maintien, choisissez des matières rigides. Les soutiens-gorge doublés et les coques sont parfaits.
• Privilégiez les armatures sur le côté et le dessous du soutien-gorge.
• Les bretelles doivent être larges et dans une matière résistante pour éviter les glissements. Choisissez-les avec des coussinets ou en tissu « anti-glissement ». Évitez les bretelles fines et élastiques qui ne procurent aucun maintien.
• L'emplacement des bretelles est aussi très important : évitez celles qui sont décalées sur les côtés.
• N'hésitez pas à acheter des « rallonges » de bretelles et de bandes de tissu dans le dos pour ajuster les modèles.

…et son modèle de gaine !

Si vous voulez voir vos petits bourrelets disparaître en quelques secondes sans avoir recours à un régime, il existe une solution miracle : la gaine ! Mais soyons clairs, il ne s'agit pas de la gaine de nos grands-mères… Heureusement ! De nos jours, on assiste à une véritable « révolution » avec des gaines dans des nouvelles matières qui vous galbent tout en préservant votre confort.

Mais comment choisir celle qui vous va ?

- Si vous avez du ventre, choisissez la **culotte gainante** qui le gommera comme par miracle.
- Si vous avez, en plus du ventre, de l'estomac, l'idéal c'est la **culotte haute** qui vous maintiendra sans vous comprimer.
- Si vous avez des hanches généreuses et du ventre, c'est le **shorty** qui vous sied le mieux.
- Si vous avez de l'estomac, du ventre et des hanches généreuses, il existe la **version haute du shorty**.
- Si vous désirez un maintien total, adoptez le **body sculptant**.

Attention : choisissez une gaine qui vous met à l'aise. L'idée c'est de vous sculpter, pas de vous torturer !

Sites à consulter :
OneStopPlus - Debehams

Marques pour les rondes :
Spanx chez Asos
Miracle Suit chez Evans

La culotte gainante

La culotte haute

Le shorty

Le body sculptant

Choisir ses collants

Quand on est ronde, le choix du collant est très important car celui qui nous plaît n'est pas toujours celui qui mettra le mieux nos jambes en valeur. Attention donc aux collants fantaisie qui vous épaississent !

- **Le collant chair :** il est à proscrire, quelle que soit votre morphologie. Il est labellisé « mémère » !
- **Les leggings, les collants satinés, à grande résille et à motifs** ne sont pas pour les rondes.
- **Si vos jambes sont fortes,** cantonnez-vous au collant opaque noir ou foncé (bleu marine, prune, bordeaux) et mat.
- **Si vos jambes sont fines,** restez toujours dans les collants opaques et mats, mais vous pouvez vous autoriser une couleur plus flashy (telle que le rouge).
- **Si vous avez des chevilles fines,** vous pouvez tout à fait mettre des collants sans pieds (avec des escarpins décolletés !).
- **Si vous avez un peu de ventre,** sachez qu'il existe des modèles de collants effet « ventre plat ». Voir aussi *Les bonnes adresses* p.182.

Une valeur sûre !
Le collant opaque et mat de 40 deniers au minimum avec de l'élasthanne qui galbe la jambe.

À quoi correspondent les deniers ?

Sur chaque emballage de collants, à côté de la couleur et de la taille, figurent les deniers. Un denier correspond au poids en grammes pour 9 000 mètres de fibre. Ainsi, 40 deniers correspondent à 40 grammes pour 9 000 mètres de fibre. Donc, **plus le nombre de deniers est grand, plus le collant est épais.** Il existe des collants de 5 à 100 deniers.

Choisir ses chaussures

Les chaussures permettent d'ajouter une touche de couleur ou d'originalité aux tenues. Et quand on est ronde, une règle d'or c'est de porter des talons épais ou compensés pour équilibrer la silhouette.

Escarpins

Escarpins

Sabots

Bottines

• **Escarpins** : ils doivent être très **décolletés** et dévoiler la naissance des orteils. Choisissez les modèles avec bouts légèrement arrondis.

Attention aux brides ! Elles coupent la cheville et font ressortir les mollets ; elles sont donc à proscrire si on a des chevilles épaisses et des mollets forts.

• **Ballerines** : si vous ne supportez pas les talons, portez des ballerines, beaucoup plus **féminines** que des baskets. Il faut tout de même qu'elles aient un bout légèrement arrondi pour être en harmonie avec votre silhouette.

• **Bottines** : si vous avez des **mollets** ou des **chevilles épaisses**, portez-les avec des pantalons. Jamais avec des jupes ou des robes car elles alourdissent vos jambes.

Si vous avez des **chevilles** ou des **mollets fins**, choisissez des bottines basses qui ne masquent pas les chevilles. Les bottines plus hautes auront tendance à vous tasser.

« Low boots »

• Bottes : hautes, elles vont à tous les types de jambes. Surtout **pas de bouts pointus ni de talons aiguilles** pour éviter l'effet « entonnoir », qui ferait ressortir la lourdeur de vos jambes. Si vous avez des mollets très épais, sachez qu'il existe des modèles évasés en haut.

• Sandales : évitez les sandales montantes qui tassent votre silhouette et privilégiez les **modèles décolletés**. Attention aux brides qui « saucissonnent » les jambes.

Les **espadrilles à talons compensés** sont aussi une bonne alternative pour l'été, mais sans lacet autour de la cheville.

• Pour une allure plus féminine, privilégiez toujours les talons ! Ils allongent la jambe, donnent de l'allure et élancent la silhouette. Si vous n'en avez jamais portés, initiez-vous avec de petits talons. Le talon de 7 cm est le plus confortable ; au-delà, préférez les chaussures qui comportent un petit patin, qui allège la cambrure. Si vous êtes grande, vous pouvez vous autoriser des petits talons.

Pour celles qui ont des **pieds larges** et/ou **longs**, trouver des chaussures est souvent un vrai casse-tête. Allez voir *Les bonnes adresses* p.182 et choisissez.

Pensez à vos pieds

En été, gambadez en nu-pieds. Mais pas avant d'avoir soigné vos pieds à la pierre ponce et les avoir enduits d'une crème hydratante. Occupez-vous aussi de vos ongles. La pose d'un vernis coloré ou incolore est indispensable.

Bottes

Escarpins

Chaussures à semelles compenssées

Choisir ses accessoires

Les accessoires (bijoux, sacs, lunettes de soleil) sont essentiels : ils apportent de la féminité, de la couleur et de l'originalité aux tenues.

Les bijoux

S'il est agréable de posséder beaucoup de bijoux, il n'est pas conseillé de les porter tous en même temps. Donc **pas plus de 3 bijoux**, et plutôt **dépareillés**, sauf, bien sûr, s'il s'agit d'une parure de diamants ! Choisissez en outre l'endroit de votre anatomie ou de votre tenue sur lequel vous souhaitez focaliser les regards.

Bijoux et morphologie

- **Quand on est ronde,** il est préférable d'arborer des gros bijoux (broche, collier, bracelet, ...). Le trop fin paraîtrait trop riquiqui...
- **Si vous avez un petit cou,** sautez sur les sautoirs qui apportent de la verticalité et allongent le cou, tout comme la silhouette. En revanche, préférez les petites boucles d'oreilles.
- **Fuyez les colliers ras-de-cou** qui engoncent votre port de tête.
- **Pour ce qui est des bagues,** jetez votre dévolu sur les grosses bagues sobres ou travaillées. Mais attention, pas une à chaque doigt !

Côté couleurs

- En principe, **l'or, le doré, le cuivré, l'ambre conviennent plutôt aux teints chauds, et l'argent et l'or**

À retenir

Quand on est ronde, les ceintures ne sont pas top. Mais si vous n'avez pas beaucoup de ventre, vous pouvez vous permettre d'en porter à condition qu'elles soient larges.

blanc aux teints froids. Regardez les reflets de l'iris de vos yeux : s'ils comportent du jaune, l'or vous ira ; s'ils contiennent de l'argenté ou du blanc, mettez plutôt de l'argent ou de l'or blanc. Mais il peut y avoir des exceptions. Le mieux est d'essayer.

- **Ne vous cantonnez pas au ton sur ton.** Ce n'est pas parce que vous portez une tenue rouge que vos bijoux doivent être de la même couleur. Tranchez ! Du noir, du bleu, du vert, voire même du violet peuvent très bien faire l'affaire.
- Et, de façon générale, **évitez le « total look noir »** sans bijoux. Sauf si vous souhaitez ressembler à une veuve corse ! Même chose pour le **« total look blanc »** qui, sans bijoux, peut rapidement faire uniforme hospitalier.

Les sacs

Pour les rondes, les **grands sacs** sont l'idéal. En effet, les petits sacs ont la fâcheuse tendance à déséquilibrer la silhouette. À vous les maxi pochettes, les sacs oversize, les cabas…

Mais attention ! Il ne faut pas les porter en bandoulière car cela augmente la carrure. L'idéal, c'est de les porter à la main.

Les lunettes de soleil

Les lunettes de soleil sont un « must » : elles doivent être modernes et tendance. Bannissez les petites montures : préférez les **grandes lunettes stylées** et d'une couleur qui vous va au teint. Mais attention ! Leur couleur ne doit pas être trop criarde pour être en harmonie avec vos vêtements.

Elles doivent aussi encadrer joliment votre regard. Même si les sourcils ne doivent pas être complètement cachés par les lunettes, ils ne doivent pas non plus en être trop éloignés. La monture idéale suit leur ligne naturelle et ne la coupe pas.

Choisir ses jeans

Un des meilleurs alliés dans notre garde-robe, c'est le jean. Il est incontournable et on peut l'utiliser pour presque toutes les occasions. Toutes les femmes peuvent le porter à condition de l'adapter aux circonstances et à leur silhouette, et savoir l'accessoiriser.

Jean bootcut

Un jean pour chaque morphologie !

• **Le bootcut** : c'est le jean légèrement évasé en bas (ce n'est pas le « flare » qui a la forme cloche !). Il est parfait si vous avez des hanches, des fesses, des cuisses, des genoux ronds ou des mollets forts. Il équilibrera votre silhouette en évitant l'effet « bouteille de Perrier » !

• **Le jean à coupe droite** : il est idéal pour les femmes qui ont des jambes relativement fines et pas de culotte de cheval.

• **Le slim** : si vous avez des jambes plutôt fines, vous pouvez le porter, mais à condition d'utiliser un haut fluide qui couvre vos hanches et mettre des chaussures à talons.

Chic, un jean !

Brut, surtout pas délavé, et porté avec une blouse fluide ou une veste légèrement cintrée, le jean a une allure folle. Vous pouvez sans hésiter vous permettre de le porter pour une soirée ou un cocktail. Associez-le alors à des escarpins à bouts plutôt ronds ou des bottines élégantes et à talons épais pour affiner et allonger votre silhouette.

Conseils

• Portez-le le plus long possible. Et jamais l'ourlet façon pantalon (rentré), c'est ringard ! Si le jean est trop long, faites faire la retouche à la machine, ourlet surpiqué, comme sur l'original.

• Lavez-le à 30° C maximum et à l'envers. Ne le passez jamais au sèche-linge !

Côté accessoires, misez sur un joli sautoir, une belle broche et un sac à main façon Chanel, voire une pochette, c'est très tendance !

Style « working girl » !

Vous pouvez aussi le porter pour travailler, style « working girl ». Il vous donnera la touche jeune et pas trop guindée, sans mettre en jeu votre autorité naturelle ! À condition de lui associer une veste un brin cintrée pour rester féminine et suffisamment longue pour couvrir les hanches et surtout pas fermée pour que vous ne soyez pas boudinée. Attention aussi au top. Il doit être fluide et à l'extérieur du jean avec le décolleté qui flatte votre poitrine. Complétez votre tenue avec des chaussures colorées à talons.

Décontracté, pour le week-end !

Le jean est évidemment la tenue idéale du week-end. Mais ce n'est pas parce qu'on ne travaille pas que l'on doit ressembler à un bûcheron canadien ! Le jean du week-end peut être confortable sans perdre toute élégance. Agrémentez-le d'une tunique avec un gilet fluide et portez des ballerines (décolletées).

À retenir

- Quand on est ronde, il faut acheter des **jeans à taille intermédiaire** ou **haute** qui maintiendront votre ventre ! Et surtout pas de jeans taille basse qui feront ressortir vos bourrelets.
- Préférez un jean **composé d'élasthanne**. Il est plus confortable et plus flatteur car il galbe vos formes.
- Choisissez un **bleu brut**, amincissant et plus chic. Le délavé est complètement OUT !

Tenue décontractée

Leçon de Maquillage

Le maquillage est un « art », soit ! Pourtant toutes les femmes doivent être capables d'en comprendre le B.A.-ba, et de le mettre en œuvre chaque matin, en 5 minutes maximum ! Devenez experte ès make-up en consultant nos conseils...

Principes de base pour l'entretien du visage

Nettoyez votre peau

Démaquillez-vous et rincez votre peau tous les soirs !

Hydratation

L'hydratation de la peau est primordiale, notamment pour une bonne tenue du maquilllage. Il faut l'hydrater deux fois par jour et sur les parties suivantes :

- **le visage :** avec une crème ou un gel adapté à sa peau (riche en eau si la peau est deshydratée ou riche en corps gras si elle est très sèche). Dans tous les cas, choisissez pour la journée une crème dotée d'un fort indice de protection UV et pour le soir une crème anti-âge ;
- **le contour des yeux :** appliquez une crème spéciale « contour des yeux », de façon assez légère en journée afin de ne pas trop graisser la peau et altérer la tenue du maquillage des yeux. On peut choisir un « contour des yeux » plus réparateur pour le soir ;
- **les lèvres :** matin et soir, entretenez-les avec un baume, crème ou stick prévus à cet effet.

Et n'oubliez pas de boire au moins 1,5 litre d'eau par jour !

Gommage

- Suivant votre type de peau, faites un gommage 1 ou 2 fois par semaine.

Principes de base du maquillage

- Si vous avez peu de temps, privilégiez toujours **le teint**, plutôt que le travail des yeux ou de la bouche. Avec un joli fond de teint, un soupçon d'anti-cernes, un voile de poudre, un peu de blush et une touche de gloss, vous aurez toujours bonne mine.
- N'ayez pas peur d'utiliser **les pinceaux** pour l'application de tous les produits de maquillage. Le résultat sera plus naturel.

- Si vous maquillez beaucoup vos yeux, faites léger sur la bouche, et vice versa. Le total look **« hyper maquillé »** fait rapidement « pot de peinture ».
- **Ne cherchez pas à assortir votre maquillage à votre tenue.** Le maquillage est là pour mettre en valeur vos atouts naturels, pas votre nouvelle robe !

Les étapes du maquillage

Le fond de teint

- Vous devez **essayez votre fond de teint** avant de l'acheter. Le bon endroit pour le tester se fait sur le maxillaire, qui fait le lien entre le visage et le cou. Si la texture et la couleur « disparaissent », c'est le bon ! Sinon, il faut choisir une autre teinte ou une autre texture. Moins le fond de teint se verra, plus il sera efficace.
- Attention ! Utiliser un **produit plus foncé** que la peau concernée vieillit et durcit les traits. À l'inverse, un **teint clair** apportera toujours de la fraîcheur.
- Pour éviter **l'effet « épais »** : choisissez une texture légère, notamment si la peau est plutôt fine et claire.
- Appliquez le fond de teint **au pinceau** en faisant de grands mouvements du centre vers l'extérieur du visage.
- Finissez avec une touche **de poudre libre** ou **compacte** (légère de préférence).

L'anti-cernes

- L'anti-cernes cache non seulement les **cernes**, mais aussi les **rougeurs**, les **boutons** et autres petites imperfections de la peau.
- Choisissez un **beige** si vous souhaitez camoufler les rougeurs ou un **rosé** si vous souhaitez corriger les zones d'ombre. Mais attention, ne choisissez pas une **teinte trop claire**.
- Appliquez-le dans le creux du cerne uniquement et **au pinceau** impérativement, en particulier sur les boutons.
- **Poudrez** éventuellement; mais n'utilisez qu'une infime quantité afin de ne pas marquer le relief cutané.

Le blush

- Règle de base : ne pas assortir le **blush au rouge à lèvres** !
- Choisissez une couleur **orangée** pour les **teints mats** et une **rosée** pour les teints très **clairs**. En cas de doute, choisissez la couleur la plus proche de votre carnation naturelle quand vous avez bonne mine.
- Optez pour un blush dans les **tons beiges**, pas trop roses, si votre peau a beaucoup de rougeurs.
- Pour l'appliquer, faites un grand sourire, puis **partez du haut de la pommette et étirez vers la tempe.**

Le fard à paupières

Le maquillage des yeux est un dégradé qui commence au ras des cils supérieurs avec la couleur la plus foncée jusqu'à l'arcade sourcilière, où sera la couleur la plus claire.

- Pour une meilleure tenue du fard à paupières, utilisez un fard crémeux waterproof de couleur neutre sur l'ensemble de la paupière. Il servira de **base fixante** au maquillage des yeux.
- Si vous souhaitez un produit qui tienne parfaitement et qui soit facile à estomper, choisissez un **fard crème** (« paint pot » de M.A.C). La matière se dégrade aisément et vous pouvez ajouter ou non des fards en poudre classiques.
- Si vous avez des yeux très cernés, évitez les **marrons mordorés**, les **violets** et les **prunes**, surtout sous l'œil, car ils ont tendance à marquer et accentuer le cerne.

- Les **fards irisés** illuminent le regard mais ils se nichent dans les ridules des paupières. À réserver donc quand on a peu de rides.
- Les **fards rosés** ou **orangés** font ressortir les yeux bleus.
- Les **fards prune** font ressortir les yeux verts.
- Les **fards marrons, orangés** et **bleu marine** font ressortir les yeux marron et noirs.

Pour un maquillage classique

- Posez le **fard clair** sur la totalité de la paupière mobile.
- Appliquez le **fard de couleur intermédiaire** de l'extérieur à l'intérieur de la paupière en vous arrêtant vers le milieu.
- Pour un maquillage plus intense appliquez **le fard plus foncé** de l'extérieur à l'intérieur en insistant sur les coins extérieurs de l'œil.
- Vous pouvez faire un rappel léger de cette couleur sur le ras des cils inférieurs avec un pinceau biseauté.
- Pour un effet plus glam, utilisez **l'eye-liner** sur le ras des cils supérieurs.

Conseil
Avant d'appliquer le fard à paupières, passez le pinceau 2 ou 3 fois dans le pot et tapez-le sur le bord pour faire tomber le surplus de matière et estomper sur la main.

Le mascara

- Le mascara **agrandit l'œil et approfondit le regard**. Il est particulièrement indispensable lorsque vous avez des cils pâles.
- Le **noir** est une valeur sûre, quelle que soit la couleur des yeux.
- Posez la brosse à la racine des cils, puis **étirez en zigzag** jusqu'aux pointes.
- Appliquez le mascara sur les cils supérieurs en mettant plus de matière sur l'extérieur qu'à l'intérieur puis un petit peu sur les cils inférieurs.

Les lèvres

- Avant de poser le rouge à lèvres, appliquez toujours **un baume hydra-**

tant et enlever l'excédent éventuel.

- Pour bien dessiner la lèvre, appliquez un **trait de crayon** contour de la même couleur que le rouge à lèvres ou d'une couleur parfaitement coordonnée à la couleur naturelle de vos lèvres. Attention aux crayons plus foncés que le rouge à lèvres, qui durcissent.
- Il est conseillé de **poudrer légèrement ce contour** pour que le rouge ne « file » pas. Mais vous trouverez chez M.A.C des crayons à lèvre longue tenue qui vous éviteront de poudrer le crayon.
- Pour plus de précision, il est préférable d'appliquer le rouge à lèvres **au pinceau**.
- Si vous avez des **lèvres très fines**, il faut choisir des rouges à lèvres givrés, nacrés ou des gloss qui apportent du volume.
- Si vous avez une **bouche très charnue**, les tons mats et sourds la rendront plus discrète.

Les sourcils

- Le sourcil est la coiffure de l'œil ! Il faut donc l'entretenir, le sculpter, mais en respectant sa ligne naturelle. **Si on affine trop le sourcil, on agrandit la paupière, on diminue l'œil et on perd le regard.**
- Pour les sourcils indisciplinés, il existe des **mascaras « spécial sourcils »** transparents qui permettent de brosser vers le haut tout en fixant.
- On épile toujours les sourcils avec une **pince à épiler** en tirant les poils vers le haut, et non vers le bas. Une bonne épilation reste au plus près du **tracé naturel**.
- Une épilation provoque toujours quelques rougeurs, que l'on peut facilement masquer par une touche de **correcteur** type anti-cernes.
- Les épilations les plus réussies sont réalisées par une technicienne des sourcils ou une maquilleuse.
- Une bonne adresse à retenir : *l'Atelier du Sourcil*.

Prendre soin de soi

Savoir s'habiller et se maquiller, c'est bien, mais il faut avant tout prendre soin de vous ! Cela est primordial si vous voulez être belle.

Le corps

Il nécessite quelques gestes quotidiens qui prennent très peu de temps.

- Lavez-vous avec un **savon surgras** (Rogé Cavaillès, Sanex...) qui n'agresse pas votre peau.
- Hydratez votre peau avec une **crème** ou une **huile nourrissantes**.
- Et pour conserver une peau saine, satinée, douce, éclatante, lisse et jeune, utilisez une à deux fois par semaine dans votre bain, une crème de **gommage**, qui élimine les cellules mortes.

Les pieds

C'est la partie de votre corps qui souffre le plus. Ce sont vos pieds en effet qui supportent votre poids. Le froid et le chaud les maltraitent et les dessèchent !

- **Massez-les** chaque jour après votre toilette, avec une crème.
- Pensez régulièrement à les **embellir**. Frottez-les avec une pierre ponce, soignez leurs ongles.
- Et l'été, ne portez pas de nu-pieds sans **vernis**, coloré ou transparent !

Les mains

Votre âge se lit sur vos mains. Il convient donc de leur apporter le plus grand soin.

- **Hydratez-les** plusieurs fois par jour. Ayez toujours un tube de crème dans votre salle de bains, dans votre cuisine et dans votre sac à mains.
- Sans oublier une manucure de temps en temps !

Les bonnes adresses

Fatiguées de ne jamais trouver des vêtements stylés et à la mode à partir de la taille 44 ? Voici les bonnes adresses qui feront votre bonheur. Des petits prix mais aussi des marques haut de gamme, les bons plans sont pour tous les types de portefeuilles. Mot d'ordre : originalité, féminité et glam ! Vous n'aurez plus d'excuses de vous camoufler !

Vêtements

- Boutiques (consultez leur site pour trouver un point de vente le plus proche de chez vous)

  H&M :
  http://www.hm.com/fr/
  COS :
  http://www.cosstores.com/
  New Look (ligne Inspire) :
  http://www.newlook.com/fr/
  Cartel De La Mode. :
  14, rue d'Alexandrie Paris, 75002
  09 51 93 48 63
  Marie Mélodie :
  http://www.marie-melodie.com/
  Elena Miro :
  http://www.elenamiro.it/fr/
  M&S Mode :
  http://www.msmode.fr/
  Gérard Darell :
  http://www.gerarddarel.com/v1/
  Marina Rinaldi : http://www.marinarinaldi.com/
  Devernois : http://www.devernois.fr/
  Jean Marc Philippe : http://www.jeanmarcphilippe.com/

- Sites

  One Stop Plus :
  http://www.onestopplus.fr/
  BrandAlley :
  http://www.brandalley.fr/
  Taillissime pour la Redoute :
  http://www.laredoute.fr/
  Anticode :
  http://www.anticode.fr/
  Castaluna :
  http://www.castaluna.com/
  Les 3 Suisses :
  http://www.3suisses.fr/
  46 et plus :
  http://www.46etplus.com/

- Boutiques anglaises et américaines qui livrent en France

  Dorothy Perkins :
  http://www.dorothyperkins.com/
  Asos :
  http://www.asos.fr/ (Collection Curve)
  Evans :
  http://www.evans.co.uk
  Land's End :
  http://www.fr.landsend.com

Chaussures

• Sites grandes pointures

One Stop Plus :
http://www.onestopplus.fr/
BrandAlley :
http://www.brandalley.fr/
Anticode :
http://www.anticode.fr/
New Look :
http://www.newlook.com/fr/
La Redoute :
http://www.laredoute.fr/
Dorothy Perkins :
http://www.dorothyperkins.com/
Spartoo :
http://www.spartoo.com/
Sarenza :
http://www.sarenza.com/
Les Belles Pointures :
http://www.lesbellespointures.com/

• Sites larges pointures

La Redoute :
http://www.laredoute.fr/
Sarenza :
http://www.sarenza.com/
Zalando :
http://www.zalando.fr/
Evans :
http://www.evans.co.uk
Duo of Boots – qui proposent plusieurs tours de mollet.
Cosyfeet :
http://www.cosyfeet.com/
(Site anglais)
Damart :
http://www.damart.fr/
Salvatore Ferragamo :
http://www.ferragamo.com/

Lingerie

• Soutiens-gorge

SITES
One Stop Plus :
http://www.onestopplus.fr/
Brandalley :
http://www.brandalley.fr/
Evans :
http://www.evans.co.uk
MARQUES
Taillissime pour La Redoute :
http://www.laredoute.fr/
Triumph :
http://www.triumph.com/fr/
Ulla Popken :
http://www.ullapopken.fr/

• Gaines

SITES
One Stop Plus :
http://www.onestopplus.fr/
Evans :
http://www.evans.co.uk
Orcanta :
http://www.orcanta.fr/
MARQUES
Spanx chez Asos :
http://www.asos.fr/
Miracle Suit chez Evans :
http://www.evans.co.uk

• Collants

One Stop Plus :
http://www.onestopplus.fr/
Les 3 Suisses :
http://www.3suisses.fr/
Taillissime pour La Redoute :
http://www.laredoute.fr/
Gerbe :
http://gerbe.com/
Evans :
http://www.evans.co.uk

• Modèles ventre plat

Well :
http://www.well.fr/
Dim :
http://www.dim.fr/
Wolford :
http://www.wolfordshop.fr/

Pierre
Paula
Céline
Mélody
Laurence
Nathalie

Mon équipe

Des coupes personnalisées faciles à vivre au quotidien

MASSATO

De la culture du Japon, son pays d'origine, Massato a gardé le goût du silence, de l'observation et de l'écoute. Le plus Parisien des Japonais s'est installé en France en 1975 par amour pour Paris, après avoir passé son diplôme de coiffeur dans son pays natal. Fou de mode, il a toujours su capter l'instant, saisir les tendances à leur premier frémissement. Ce talent qui lui confère une originalité certaine l'entraîne rapidement vers le succès.

Défilés, séances photos... il devient le chouchou des créateurs et des mannequins. Il ouvre son premier salon dans le VIIe arrondissement de Paris en 1993. Pour le plus grand bonheur d'Isabelle Huppert, d'Évelyne Bouix ou encore de Vincent Perez, clients assidus ! Plus qu'un coiffeur, Massato est un sculpteur. Pas de travail en série. Chaque femme est différente, toutes les natures de cheveux méritent une coupe, voire une couleur personnalisée. Il travaille aujourd'hui avec une équipe qu'il a formée. Sa philosophie est simple : regarder la cliente, observer sa tenue vestimentaire, sa démarche, sa gestuelle, l'écouter pour concevoir une coupe adaptée à sa personnalité et à son quotidien.

Une coupe doit refléter une personnalité et se suffire à elle-même. Les femmes hyperactives ont le droit d'être belles, même en se consacrant très peu de temps. Après un shampoing, une coupe doit donc être impeccable sans avoir besoin d'un brushing !

Aujourd'hui, Massato possède trois salons à Paris, deux à Tokyo et un prochainement à Londres. Il a aussi créé une gamme de produits conçus à partir d'huiles essentielles, particulièrement adaptés aux cheveux colorés.

Massato, un homme heureux qui fait des heureuses !

M.A.C

En 1984, Franck Toskan, maquilleur et photographe, et Franck Angelo, propriétaire d'un salon de coiffure, créent à Toronto M.A.C (Make-up Art Cosmetics). Il s'agit au départ pour ces deux professionnels de la mode d'imaginer des produits performants pour les défilés et les studios photos. Deux ans plus tard, ils décident d'ouvrir leur collection de maquillage au grand public.

Toujours présentés dans des emballages noirs couleur fétiche de la marque –, les produits sont vendus au sous-sol d'un grand magasin de Toronto... non par des vendeurs, mais par des maquilleurs professionnels capables de conseiller précisément la clientèle.

Le succès ne se fait pas attendre. Au fil du temps, stars et célébrités plébiscitent la marque – Linda Evangelista, Diana Ross, Elton John, Catherine Deneuve, Liza Minnelli, Pamela Anderson...

M.A.C se distingue par ses nombreux engagements caritatifs et environnementaux.

Créé en 1994, le M.A.C Aids Fund a recueilli plus de 220 millions d'euros qui ont été remis à différentes associations de lutte contre le sida. Les ventes des rouges à lèvres de la gamme Viva Glam sont intégralement reversées à ce Fond Sida.

LISTE DES MARQUES DE VÊTEMENTS

Siam

Tenue p.13 : haut et trench Zara, jupe cuir Weill, collant et boucles d'oreille H&M, chaussures Minelli.

Tenue p.15 : robe Soft Grey, ceinture Mango, chaussures Minelli, blouson Zara.

Tenue p.17 : robe La Redoute, ceinture Mango, boucles d'oreille H&M, chaussures Minelli.

Marie

Tenue p.25 : T-shirt Zara Basics, chemise et jean Etam, bottines Bata.

Tenue p.27 : T-shirt et veste Zara, jean Etam, bottines Bata, sac Minelli.

Tenue p.29 : robe et veste Zara, bottes Bata, chapeau H&M.

Thérèse

Tenue p.37 : chemise et jupe COS, collant H&M, chaussures et sac Minelli.

Tenue p.39 : jupe et blouson en cuir Zara, débardeur COS, collant sans pieds Monoprix, chaussures Minelli.

Tenue p.41 : veste et robe Zara, chaussures et sac Minelli, ceinture H&M, collant COS.

Nadia

Tenue p.49 : robe en jean et chemise à carreaux Elena Miro, sabots Bata, bracelet Etam.

Tenue p.51 : jean et top Elena Miro, chaussures Zara.

Tenue p.53 : robe COS, veste Zara, chaussures H&M.

Anne-Claire

Tenue p.61 : T-shirt et pantalon Elena Miro, veste Caroll, chaussures et sac Minelli.

Tenue p.63 : tunique et pantalon Elena Miro, chaussures et sac Minelli, chapeau H&M.

Tenue p.65 : robe Elena Miro, collant et boucles d'oreille H&M, chaussures Minelli.

Camille

Tenue p.73 : veste et haut COS, jean Elena Miro, chaussures Minelli, bracelet Mango.

Tenue p.75 : robe COS, collant sans pieds et écharpe H&M, chaussures Minelli, sac Elena Miro.

Tenue p.77 : robe COS, collant H&M, chaussures Minelli, collier et bracelets Mango.

Anne

Tenue p.85 : robe, collant et collier COS, chaussures et sac Minelli.

Tenue p.87 : jean Elena Miro, T-shirt et collier COS , gilet Cartel de la Mode, chaussures et sac Minelli.

Tenue p.89 : jupe, haut et collant COS, manteau Elena Miro, collier Bershka, chaussures Minelli.

Martine

Tenue p.97 : robe Cartel de la Mode, chaussures et sac Minelli.

Tenue p.99 : jupe Cartel de la Mode, pull Elena Miro, boucles d'oreille H&M, chaussures et sac Minelli.

Tenue p.101 : robe La Redoute, veste smoking Cartel de la mode, chaussures et sac Minelli, boucles d'oreille H&M.

Carole

Tenue p. 109 : pantalon Elena Miro, top COS, veste Caroll, chaussures et sac Minelli.

Tenue p.111 : robe COS, collant H&M, chaussures Minelli, bracelet Mango, boucles d'oreille Etam.

Tenue p.113 : robe COS, collant H&M, bracelet Mango, chaussures et sac Minelli.

Barbara

Tenue p.121 : tunique Soft Grey, jean Elena Miro, chaussures et sac Minelli, bijoux Mango.

Tenue p.123 : robe Marianne James pour La Redoute, saharienne Devernois Sport, collant Monoprix, chaussures et sac Minelli.

Tenue p.125 : jupe en jean Devernois, haut et chemise Elena Miro, collant Monoprix, chaussures et sac Minelli, foulard Mango.

Amandine

Tenue p.133 : top COS, veste blanche et nu-pieds Zara, collant sans pieds Dim.

Tenue p.135 : jupe en jean Elena Miro, veste en cuir, top et nu-pieds Zara, collant sans pieds Dim.

Tenue p.137 : robe Elena Miro, veste et chaussures Zara, collant sans pieds Dim, ceinture Mango.

Frédérique

Tenue p.145 : jean et gilet Elena Miro, T-shirt Marina Rinaldi, chaussures et sac Minelli, lunettes Chloé.

Tenue p. 147 : robe et gilet Marina Rinaldi, collant COS, chaussures et sac Minelli.

Tenue p.149 : robe Marina Rinaldi, chaussures et sac Minelli, bracelet Mango, collant sans pieds Monoprix.